图 1-2 汽车空调系统在汽车上的布置

1—暖风和空调系统总成　2—带管路的压缩机　3—暖风冷却液管路　4—空调进气装置和鼓风机

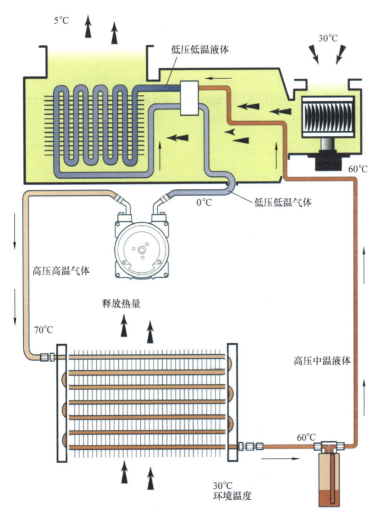

图 3-2 空调系统制冷循环工作原理示意图

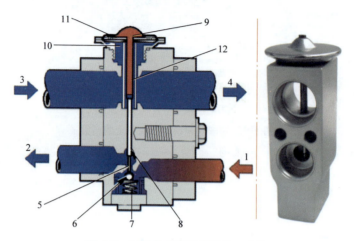

图 4-5 H 型热力膨胀阀结构示意图

1—自储液干燥器 2—到蒸发器 3—自蒸发器 4—至压缩机 5—顶杆
6—球阀 7—弹簧 8—传动杆 9—制冷剂 10—薄膜下压力补偿 11—膜片 12—感温元件

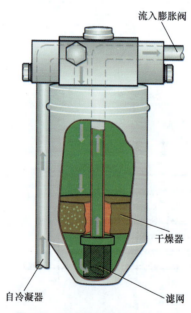

图 4-7 储液干燥器结构示意图

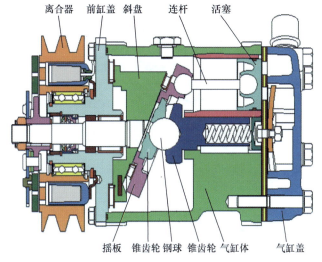

图 5-2 斜盘式压缩机的结构

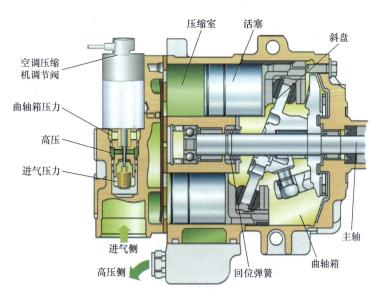

图 6-6 压缩机全负荷工况

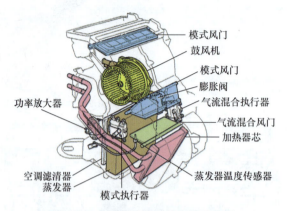

图 9-3　空调单元部件的布置示意图

图 19-4　储液干燥器上的视液镜（观察窗）

图 24-6　荧光检漏法

汽修入门书系

汽车空调维修快速入门30天

第2版

→ 一天一个专项
30天汽车空调维修全掌握

→ 一点一滴积累
1个月菜鸟轻松变高手

李林 ◎ 主编

机械工业出版社
CHINA MACHINE PRESS

本书是汽车空调系统基础知识和维修技能入门的普及读物，以"每天一个专题"的形式，用大量形象的图、表和生动简洁的语言来阐述传统燃油汽车、新能源汽车和客车空调系统的基本结构、工作原理、控制方式以及基本维修保养、故障分析和电气诊断等基本技能。

本书着重强调实际操作能力和空调系统相应故障的诊断与排除方法，即学即会，具有很强的可读性，是一本对汽车空调维修人员非常有用的培训与指导用书。

本书旨在让读者1个月（30天）内掌握汽车空调系统的基础知识和诊断维修技能，适合刚走上汽车维修岗位的初级技术人员阅读，或用作汽车空调维修工的培训教材，还可作为汽车培训机构以及大中专院校师生的参考书。

图书在版编目（CIP）数据

汽车空调维修快速入门30天 / 李林主编. —2版. —北京：机械工业出版社，2021.9

ISBN 978-7-111-69413-7

Ⅰ.①汽⋯ Ⅱ.①李⋯ Ⅲ.①汽车空调–车辆修理 Ⅳ.① U472.41

中国版本图书馆 CIP 数据核字（2021）第 213093 号

机械工业出版社（北京市百万庄大街22号　邮政编码100037）
策划编辑：连景岩　　责任编辑：丁　锋
责任校对：潘　蕊　　封面设计：鞠　杨
责任印制：张　博
中教科（保定）印刷股份有限公司印刷
2022年1月第2版第1次印刷
184mm×260mm・12印张・2插页・314千字
0 001—1 900 册
标准书号：ISBN 978-7-111-69413-7
定价：59.90元

电话服务　　　　　　　　　网络服务
客服电话：010-88361066　　机　工　官　网：www.cmpbook.com
　　　　　010-88379833　　机　工　官　博：weibo.com/cmp1952
　　　　　010-68326294　　金　书　网：www.golden-book.com
封底无防伪标均为盗版　　　机工教育服务网：www.cmpedu.com

前　言

随着我国汽车工业的快速发展，汽车零部件行业得到飞速的发展，汽车空调作为提高汽车乘坐舒适性的一种重要部件已被广大汽车制造企业及消费者所接受。目前，国内的轿车空调装置率已接近100%，在其他车型上的装置率也在逐年提高。汽车空调系统已成为汽车中举足轻重的功能部件以及衡量汽车功能是否齐全的标志之一。

汽车空调系统是实现对车舱内空气进行制冷、加热、换气和净化的装置。在炎炎的夏日和寒冷的冬天，汽车空调大显身手，为车内人员创造了一个冬暖夏凉的舒适乘车环境，同时降低了驾驶人的疲劳强度，在很大程度上提高了行车安全性。

然而，汽车空调的频繁、长时间使用，以及其恶劣的工作环境，导致空调系统容易出现各种故障。为了让更多的驾驶人员和刚刚接触汽车空调维修的初级冷气工熟悉汽车空调系统的结构原理、保养方法和维修操作技能，提高从业人员的维修技术水平，特编写了本书。

本书以天数的形式，首先介绍了手动空调、半自动空调和自动空调系统的特点和使用方法，接着详细介绍了定排量压缩机与变排量压缩机的结构特点与工作原理，以及空调制冷系统、暖风送风系统的作用、结构和工作原理，空调电气控制系统的组成与控制方式、控制原理，列举了典型轿车的手动空调、半自动空调和全自动空调系统电路及其维修案例，阐述了空调系统的使用与保养维护、维修操作技能。本书还介绍了新能源汽车空调系统的结构原理和检测维修，最后介绍了客车空调系统的使用与维护方法、制冷系统和暖风系统的结构组成与工作原理、故障分析及排除方法。

全书借鉴了原厂汽车空调培训和维修资料，内容准确、实用，不仅详细介绍了汽车空调系统的结构原理和控制方式，还注重实际操作能力的培养，强调即学即用，是汽车运用人员和维修人员贴身、高效的"汽修老师"。

本书可作为汽车冷气工入门和提高的自学教材以及汽车修理工职业技能鉴定的辅导用书，也可供汽车专业师生和从事汽车空调保养与维护、汽车运输管理、汽车维修管理工作的技术人员以及汽车修理工与驾驶人员学习参考。

本书由李林主编，参加本书编写工作的还有李春、颜雪飞、欧阳汝平、朱莲芳、廖亚敏、赵小英、周家祥、陈庆吉、李玲玲、颜雪凤、颜复湘。

由于本书涉及内容较广，书中不妥之处在所难免，敬请广大读者批评指正。

编　者

目 录

前言
第1天　汽车空调系统概述 ………………………………………………………… 1
第2天　空调控制面板及使用方法 ………………………………………………… 3
第3天　空调制冷系统的组成与工作原理 ……………………………………… 10
第4天　空调制冷系统的重要部件 ……………………………………………… 13
第5天　定排量空调压缩机 ……………………………………………………… 18
第6天　变排量空调压缩机 ……………………………………………………… 25
第7天　空调采暖系统 …………………………………………………………… 31
第8天　空调送风系统 …………………………………………………………… 37
第9天　空调单元总成 …………………………………………………………… 47
第10天　新能源汽车空调系统 …………………………………………………… 51
第11天　新能源汽车空调系统的检修 …………………………………………… 54
第12天　手动空调控制系统 ……………………………………………………… 59
第13天　手动空调控制电路 ……………………………………………………… 74
第14天　自动空调控制系统 ……………………………………………………… 82
第15天　自动空调系统的诊断与检修 …………………………………………… 90
第16天　自动空调控制系统电路维修 …………………………………………… 103
第17天　半自动空调控制系统 …………………………………………………… 111
第18天　空调使用与保养维护 …………………………………………………… 119
第19天　空调系统的检查 ………………………………………………………… 122
第20天　空调系统的测试 ………………………………………………………… 127
第21天　空调系统重要部件的更换 ……………………………………………… 131
第22天　制冷系统抽真空及制冷剂的回收与加注 ……………………………… 140
第23天　空调冷冻油的检查与加注 ……………………………………………… 146
第24天　空调制冷系统的检漏 …………………………………………………… 150

第25天	用歧管压力表检查制冷系统	154
第26天	空调制冷系统的触摸诊断方法	159
第27天	空调系统常见故障的检查与排除	161
第28天	客车空调的使用与维护	164
第29天	客车空调制冷系统的组成与维修	170
第30天	客车空调的暖风系统	177

第1天 汽车空调系统概述

1. 了解汽车空调系统的作用和组成。
2. 了解汽车空调系统在汽车上的布置。
3. 了解汽车空调系统的功能和特点。

一、空调系统的作用和组成

汽车空调用于调节驾乘室内的空气温度、湿度、流速、流向和清洁度，为驾乘人员创造一个比较舒适的车内环境。汽车空调系统按照功能分为五个子系统：制冷系统、加热系统、送风系统、操纵控制系统和空气净化系统。空调系统的组成如图1-1所示。

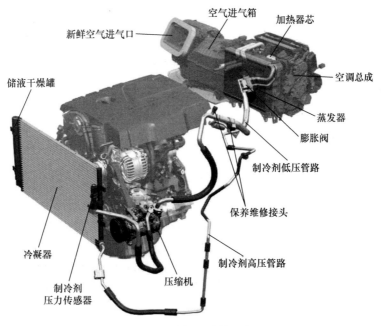

图1-1 空调系统的组成

空调总成按照控制面板上选择的模式加热，并分配新鲜空气或车内循环空气。空调总成安装在仪表板下方，箱体内包含鼓风机、空调空气滤清器、暖风芯体、蒸发器和控制风门。空调总成中的通道引导空气流经箱体并将它分成三股，分别进入吹面出风口、足部出风口以及除霜出风口。在空调总成壳体上安装有一个进气风门，可以吸入车内或车外空气作为循环风。箱体底部的排水口将冷凝水从箱体内部引向车辆下方。

二、空调系统在汽车上的布置

空调制冷系统与采暖系统合在一起称为加热、通风和空调系统（HVAC）。汽车空调系统在汽车上的布置如图 1-2 所示。在鼓风机的作用下，系统通过前风窗玻璃下部的外部进气口吸入新鲜空气，或通过驾乘室内的内部进气口吸入内循环空气，空调滤芯对其进行过滤。清洁的空气经蒸发器冷却或加热器芯加热后，具有一定的温度、湿度和流速，然后通过送风管路和出风口吹出。

图 1-2 汽车空调系统在汽车上的布置

1—暖风和空调系统总成 2—带管路的压缩机 3—暖风冷却液管路 4—空调进气装置和鼓风机

三、空调系统的功能

空调系统旨在为驾驶人和乘员提供舒适的环境。空调系统将车内温度和湿度保持在宜人的范围内，还要提供新鲜的清洁空气进行通风。车内保持舒适的温度有助于使驾驶人精神集中，提高行车安全性。汽车空调系统的主要功能如下：

（1）空调系统制冷功能　空调制冷系统通过制冷剂的循环，吸收车厢空气中的热量，从而降低驾乘室内的温度。

（2）空调系统暖风功能　空调暖风的热量由发动机冷却液提供。发动机热车后，由鼓风机将吹过加热器芯产生的热风源源不断地送进车厢。

（3）空调系统通风功能　空调通风是指在汽车运行中从车外引入一定量新鲜空气，并将车内污浊空气排出车舱外，以保持车内空气的清新，同时还可以防止风窗玻璃起雾。

（4）空调除湿功能　将车内空气中的水蒸气液化成冷凝水排出车外，从而达到降低车内相对湿度的目的。当空调蒸发器中的制冷剂蒸发时，要吸收大量的热量，使蒸发器表面温度降低很多，这使车内空气中的水蒸气产生遇冷液化的现象，这些冷凝水将流到接水盘，经出水管排出车外。

（5）净化车内空气功能　空调系统可过滤车内的空气，去除空气中的灰尘和花粉。

四、汽车空调系统的特点

汽车空调利用蒸气压缩式制冷，即利用沸点很低的制冷剂在汽化过程中吸收周围空气中的热量这一原理将车内空气中的热量转移给制冷剂，达到车内降温的目的。而制热一般采用发动机冷却液的余热采暖。与一般家用空调相比，汽车空调有如下特点：

1）空调负荷大，并且负荷变化幅度也大。

2）由于汽车空调的压缩机一般由发动机驱动，而发动机转速可在 600~8000r/min 变化，因而系统中制冷剂流量的变化幅度大。

3）制冷剂冷凝温度高。对于大多数车辆来说，冷凝器置于散热器前面，通风冷却效果受发动机散热器辐射热影响，制冷剂的冷凝压力与温度均较高，同时也影响发动机散热器的散热。

4）制冷剂容易泄漏，对机组的强度、抗振性能要求高。

5）由于汽车结构紧凑，内部空间有限，因而空调系统的空间有限，系统元件较难布置。

1）由于空调系统是封闭的，夏天时车内温度比车外高很多。刚进入车内的时候，应该先开门窗通风，并开启外循环，把热气都排出去。等车舱内温度下降之后，再换成内循环，开启制冷功能。

2）保持发动机前方冷凝器表面的清洁，使冷凝压力下降，提高制冷效果。保持蒸发器表面干净，使车舱内的空气充分冷却。

3）不在开着空调的停驶车内长时间休息或睡眠。由于汽车密封性好，车辆停驶时，车舱内通气性差，若此时开着空调休息或睡眠，很可能因发动机排出的 CO 气体漏入车内引起人员中毒。

1. 汽车空调的作用是什么？系统由哪些部分组成？
2. 空调系统是如何吸入新鲜空气再送出空气至驾乘室的？
3. 汽车空调系统的主要功能有哪些？
4. 汽车空调的使用特点有哪些？

第 2 天　空调控制面板及使用方法

1. 了解汽车空调控制方式的类型及各自的特点。
2. 了解空调控制面板上有哪些操作按钮，学会使用汽车空调。
3. 掌握一些常见车型汽车空调控制面板的拆卸和安装方法。

一、汽车空调控制方式

按照空调系统的控制方式，汽车空调可分为手动控制式、半自动控制式和全自动控制式。各种控制方式的空调分别采用手动空调控制面板、半自动空调控制面板和全自动空调控制面板。它们的特点如见表2-1。

表2-1 汽车空调的特点

控制方式	手动控制	半自动控制	全自动控制
描述	乘员操纵手动控制面板的旋钮、按钮和拨杆，借助拉索控制HVAC总成各风门	乘员操纵电动控制面板的旋钮和按钮，控制指令转换成电信号通过线束输送至HVAC总成各风门的微型电动执行器，控制风门动作	乘员操作自动控制面板的旋钮或按钮，设定所需的空调温度。微处理器根据车外环境和车内温度，自动控制HVAC总成风门动作和鼓风机转速，维持车内温度恒定，并显示空调运行状态
优点	成本低廉；机械式操纵机构简单、可靠；操作简单	操纵负载小，手感佳；外形简洁、美观，操作简单；独立式电动执行器控制可靠、到位，风门漏风大为改善；成本适中	智能化恒温控制，空调舒适性极佳；人性化交互界面，操作和运行可视化；与中控台融为一体，协调美观；操纵负载小，手感佳
缺点	操纵负载大，手感差；乘员主观感受空调效果，无法精确、恒温控制；与高档车内饰不协调；机械故障率高，风门漏风严重	乘员主观感受空调效果，对环境变化无响应，无法精确、恒温控制	成本高；可维修性差

二、手动空调控制面板

某汽车的手动空调控制面板如图2-1所示。

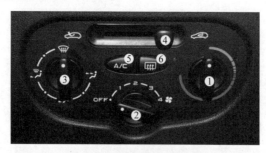

图2-1 手动空调控制面板

1—温度调节旋钮 2—风量调节旋钮 3—送风模式旋钮 4—内外循环拨杆 5—A/C开关 6—后除霜按键

（1）**温度调节** 将旋钮转到蓝色区域（冷风）或红色区域（热风），来选择合适的温度。

（2）**风量调节** 在1~4档间转动旋钮，以获得适宜的风量。当风量调节开关置于OFF位置时，空调系统不工作。由于车辆行驶会产生气流流动，因此仍然可能会感觉到微风。

（3）**空气流向分配调节** 使用送风模式旋钮可以选择鼓风机吹出空气的流向，即空调气流吹

向哪里,这些模式包括:

1)⊞前风窗及侧车窗除霜。

2)前风窗、侧车窗及乘客脚部暖风。

3)乘客脚部。天冷时推荐使用此设置。

4)中央及侧面通风口。天热时推荐使用此设置。

(4)空气内外循环调节

1)外循环。向左拨控制开关,空调系统采用外部空气循环,即吹出的气流是车外的新鲜空气。外部空气循环可以避免前风窗及侧车窗产生雾气。

2)内循环。向右拨控制开关,空调系统采用内部空气循环。内部空气循环可以隔离外部气味及烟尘。使用空调时,选择此位置可以使车内温度快速冷却下来。

开启空调时,应尽可能使用外部空气循环,以避免浊气在驾乘室内累积并产生雾气。

(5)空调制冷运行/停止A/C 按下A/C开关时,相应指示灯点亮,启动空调制冷系统。当风量调节旋钮位于OFF位置时,空调不工作。再次按下A/C开关时,相应指示灯熄灭,切断空调制冷系统。

(6)后风窗玻璃除霜 该控制按钮位于空调控制面板上。只有在发动机运转时,才能够进行后风窗除霜。按下此按钮,后风窗除霜功能启动,相关指示灯亮起。除霜开启15min后会自动停止,以避免电量过度消耗。在除霜自动停止前,可以按下按钮中止除霜,此时指示灯熄灭。

冬天车辆在夜间停放后,由于车内车外温差过大和空气潮气的影响,次日车窗上容易结霜。这时,可以使用空调对前风窗和侧窗快速除霜/除雾,方法是:

1)将进气控制开关置于外部空气循环。

2)将空气分配旋钮置于前风窗位置。

3)将温度调节旋钮及风量旋钮置于最大位置,温度调节旋钮旋转至暖风。

4)关闭中央通风口。

5)按下A/C开关,开启空调压缩机,以便除湿。

这样就可以达到既除雾又制暖的目标。

三、自动空调控制面板

2021款日产轩逸自动空调控制面板如图2-2所示。

图2-2 日产轩逸自动空调控制面板

1—AUTO按钮 2、3—温度调节旋钮 4—A/C开关 5—送风模式
6—空气内外循环 7—前风窗除霜 8—自动空调开关 9—后风窗除霜

(1)自动模式 按下"AUTO"按钮(自动模式),显示屏上"AUTO"灯亮起。系统可以根据你选择的舒适度数值,自动调节并优化所有功能:座舱内温度、风量、空气流向分配、空气内外循环。

冷机状态下，为避免大量冷空气吹出，风量会逐步达到理想的水平。

（2）温度调节　对于采用了双区温度可调的空调系统，驾驶人和前排乘客可以根据各自的需要调节合适的舒适度。使用温度调节旋钮可以在16~28℃之间设定温度，一般将温度调节到22℃左右即可获得最佳舒适度。

为了使座舱中的温度达到最凉爽或最热，可以将温度调节到低于16℃，直到显示屏显示"LO"；或者高于27℃，直到显示屏显示"HI"为止。

（3）风量调节　按下"小风扇"按键或"大风扇"按键，可以分别减小或增加风量。风量图标（风扇）填充多少表示风量值的大小。

（4）制冷功能开启/关闭　按下A/C开关可开启或关闭空调装置。开启时，A/C按钮上的指示灯亮起，显示屏上出现A/C符号。

（5）空气流向分配调节　逐次按动此按钮，选择空调送风方向：

1）前风窗和侧车窗（除霜或除雾）。

2）前风窗、侧车窗以及乘客的脚部（暖风和除霜）。

3）乘客的脚部（暖风）。

4）中央和侧面通风口以及乘客的脚部。

5）中央和侧面通风口。

（6）空气内外循环　按动空气内外循环按钮时，空调进气转换为空气内部循环，内部循环指示灯点亮。空气内部循环时，可以隔离驾驶舱外部的异味和烟尘。空调制冷时，选择此位置可以使驾驶舱温度较快下降。再次按下此按钮，转换为空气外部循环。

（7）前风窗玻璃除霜　在某些情况下（潮湿、乘客过多、结霜等），舒适度自动调节程序不足以快速除去前风窗及侧车窗的霜雾，因而需要按下前风窗除霜按钮，系统自动调节温度、风量、空气流向分配，并以最佳的方式将风吹向风窗玻璃和侧车窗玻璃。

如果要停止该功能，可重新按下前风窗除霜按钮或"AUTO"键，按键指示灯熄灭，显示屏上"AUTO"亮起。

（8）关闭自动空调系统　按下"小风扇"按键直到风量填充指示全部消失，空调系统关闭。此时后风窗除霜功能仍可以工作。按下"大风扇"按键或"AUTO"键，空调重新起动，系统保持关闭前设置的数值。也可以直接按下"ON/OFF"按键，关闭自动空调系统。

特别提示

① 为了使空调保持良好的运行状态，每月应运行空调一两次，每次5~10min。

② 空调产生的冷凝水会通过排水孔从车底排出。停车状态下，车身下可能有水迹。

实际操作

一、本田飞度手动空调控制面板的拆装

1）拆下音响单元。

2）打开杂物箱，松开两侧的杂物箱挡块，然后将杂物箱挂在下面。按下列步骤从鼓风机/加

热器单元上拆下控制拉索：

① 断开送风模式控制拉索。

a）将模式控制旋钮转至 VENT（通风／吹脸）。

b）如图 2-3 所示，从卡夹 A 上松开模式控制拉索壳体，并从模式控制连杆 C 上断开内拉索 B。

c）按照与拆卸相反的顺序安装拉索，并注意以下事项：

a. 确保将环 D 插入凹槽 E。

b. 安装后，操控控制面板，查看其是否工作正常。

② 断开内外循环控制拉索。

a）将内外循环控制杆设置为内循环。

b）如图 2-4 所示，从卡夹 A 上松开内循环控制拉索壳体，并从内循环控制连杆 C 上断开内拉索 B。

c）将内循环控制连杆顺时针转到底并握住。将内循环控制拉索安装在内循环控制连杆上，然后将内循环控制拉索壳体卡入卡夹内。

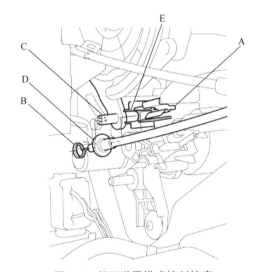

图 2-3 断开送风模式控制拉索

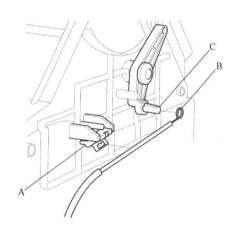

图 2-4 断开内外循环控制拉索

③ 断开温度（空气混合）控制拉索。

a）将温度控制旋钮设置为 MAX COOL（最冷）。

b）如图 2-5 所示，从卡夹 A 上松开空气混合控制拉索壳体，并从空气混合控制连杆 C 上断开内拉索 B。

c）按照与拆卸相反的顺序安装拉索，并注意以下事项：

a. 确保将环 D 插入凹槽 E。

b. 安装后，操控控制面板，查看其是否工作正常。

3）拆下螺钉并拉出手动空调控制面板，如图 2-6 所示。

4）断开插接器并拆下手动空调控制面板。

5）按照与拆卸相反的顺序安装控制面板。安装后，操控控制面板，查看其是否工作正常。

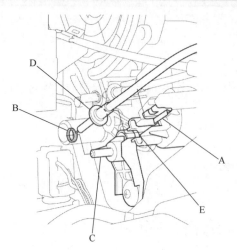

图 2-5 断开空气混合控制拉索

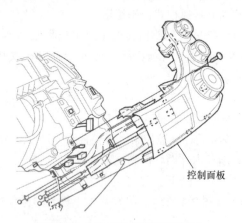

图 2-6 拉出手动空调控制面板

二、长城腾翼 C30 空调控制面板的拆装

1）用一字螺钉旋具在图 2-7 所示位置撬开仪表板左装饰条，装饰条卡扣位置如图中所示。

2）用一字螺钉旋具在图 2-8 所示位置撬开仪表板右装饰条，装饰条卡扣位置如图中所示。

图 2-7 撬开仪表板左装饰条

图 2-8 撬开仪表板右装饰条

3）用一字螺钉旋具在图 2-9 所示位置撬开中控台上面板卡扣，断开线束插接件，即可拆下中控台上面板。中控台上面板卡扣位置如图中所示。

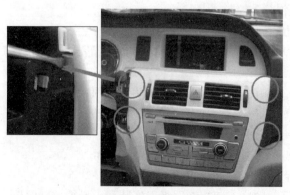

图 2-9 拆下中控台上面板

4）用一字螺钉旋具在图 2-10 所示位置撬开空调控制器及面板的卡扣,断开线束插接件,即可拆下空调控制器及面板。

空调控制器
线束插接件

图 2-10　拆下空调控制器及面板

5）按与拆卸相反的顺序安装即可。

拆卸注意事项:

① 在拆卸装饰件的过程中,注意不要划伤内饰件表面。

② 在拆卸装饰板的过程中,要使用带防护胶条的一字螺钉旋具,注意卡扣的固定位置,防止损坏外装饰板。

三、荣威 550 空调控制器总成的拆装

（1）拆卸

1）断开蓄电池负极接线。

2）松开 3 个将中控台上饰条固定到仪表板上的夹子,拆下中控台上饰条,如图 2-11 所示。

3）松开 9 个将中控台面板饰条固定到中控台上的夹子,拆下中控台面板饰条,如图 2-12 所示。

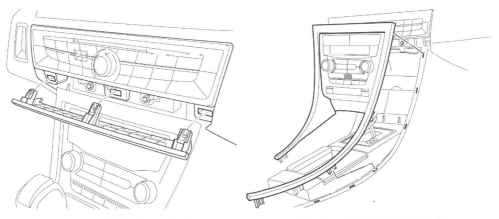

图 2-11　拆下中控台上饰条　　　　图 2-12　拆下中控台面板饰条

4）从空调控制器总成上断开插接器，如图2-13所示。

5）拆下4个将空调控制器总成固定到中控台面板饰条上的螺钉，拆下空调控制器总成，如图2-14所示。

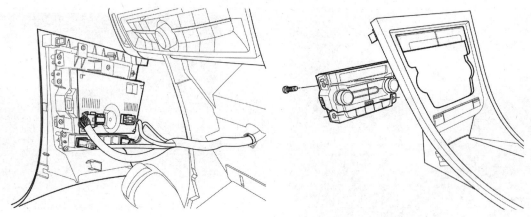

图2-13 断开插接器　　　　图2-14 拆下空调控制器总成

（2）安装

1）将空调控制器总成定位到中控台面板饰条上并用螺钉紧固。

2）连接空调控制器总成上的插接器。

3）将中控台面板饰条定位到中控台上并用夹子固定好。

4）将中控台上饰条定位到仪表板上并用夹子固定好。

5）连接蓄电池负极接线。

你学会了吗？

1. 空调控制方式的类型有哪些？各有什么特点？
2. 怎样使用手动空调系统？
3. 怎样使用自动空调系统？
4. 拆卸手动空调控制面板时，应断开哪些拉索？
5. 拆卸自动空调控制面板前，先拆卸哪些部件？

第3天　空调制冷系统的组成与工作原理

学习目标

1. 了解空调制冷系统的作用和组成。
2. 了解空调制冷系统的工作原理和工作过程。
3. 了解空调制冷剂和冷冻油的特点。

一、空调制冷系统的组成

空调制冷系统相当于汽车驾乘室内热量的搬运工。它利用沸点很低的制冷剂在汽化过程中吸收周围空气（流经蒸发器的空气）中的热量这一原理将车内空气中的热量转移给制冷剂，再通过冷凝器和散热风扇将热量散发到车外，达到使车内降温的目的。

如图 3-1 所示，汽车空调制冷系统主要由空调压缩机、冷凝器、蒸发器、膨胀阀、储液干燥器和空调管路等组成。

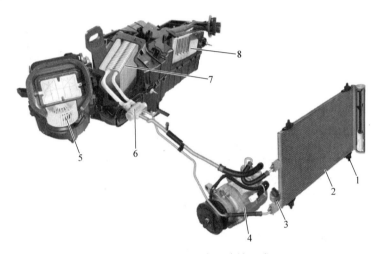

图 3-1　空调制冷系统的组成

1—储液干燥器　2—冷凝器　3—三态压力开关　4—空调压缩机
5—鼓风机　6—膨胀阀　7—蒸发器　8—暖风热交换器（加热器芯）

二、空调制冷系统的工作原理

空调系统制冷循环的工作原理如图 3-2 所示。

（1）压缩过程　在发动机的驱动下，压缩机将蒸发器低压侧的低温低压气态制冷剂增压成高温高压的气态制冷剂。高压高温的过热制冷剂气体被送往冷凝器冷却降温。

（2）冷凝过程　过热气态制冷剂进入冷凝器，经散热后冷凝为液态制冷剂，使制冷剂的状态发生变化。

（3）膨胀过程　冷凝后的液态制冷剂经过膨胀阀后体积变大，其压力和温度急剧下降，变成低温、低压的湿蒸气，以便进入蒸发器中迅速吸热蒸发。在膨胀过程中同时进行节流控制，以便供给蒸发器所需制冷剂，从而达到控制温度的目的。

（4）蒸发过程　液态制冷剂通过膨胀阀后变为低温低压的湿蒸气，流经蒸发器不断吸热汽化转变成低温、低压的气态制冷剂，吸收车内空气的热量。从蒸发器流出的气态制冷剂又被吸入压缩机，增压后泵入冷凝器冷凝，进行制冷循环。

这样，制冷剂就经压缩、冷凝、节流膨胀、蒸发而完成一个制冷循环。

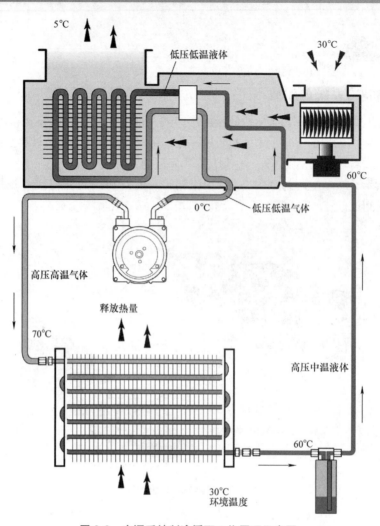

图 3-2 空调系统制冷循环工作原理示意图

三、空调制冷剂

长期以来氟利昂（R12）一直是汽车空调的制冷剂，后来发现 R12 会破坏地球上空的臭氧层。于是，科学家开发了一种不含氯原子的制冷剂 R134a（图 3-3）。现在的汽车大多使用 R134a 空调环保制冷剂，其标准蒸气温度为 $-26.5\ ℃$。因此，汽车维修人员必须了解和熟悉 R134a 制冷剂的特点。R134a 的特点包括：

1）R134a 不含氯原子，对大气臭氧层不起破坏作用。

2）R134a 具有良好的安全性能（不易燃、不爆炸、无毒、无刺激性、无腐蚀性）。

3）它只能与合成冷冻油 PAG（聚烯甘醇）相溶，不能与矿物冷冻油相溶。

图 3-3 R134a 环保制冷剂

4）对金属腐蚀性较小，稳定性高。
5）对某些塑料有破坏作用，因此只能使用适合于 R134a 的专用密封件。
6）容易吸收水气。
7）凝固点较低，适合低温工作。
8）泄漏时容易检测到。

四、压缩机润滑油

压缩机润滑油又称为冷冻油，是空调压缩机的专用润滑油，它能保证压缩机正常运转、可靠工作，并且延长使用寿命。冷冻油在空调制冷系统中有润滑、密封、冷却以及降低压缩机噪声的作用。冷冻油随制冷剂流经整个系统。

（1）**矿物油与 PAG 油** 空调系统所用的冷冻油类型取决于制冷剂的类型，研发人员在开发一种制冷剂的同时也开发了配合使用的润滑油。R12 空调系统使用矿物油型润滑油，R134a 空调系统使用聚二醇型润滑油，一般称为 PAG 油（图 3-4）。PAG 油与矿物油不相溶，不能混用。

（2）**冷冻油的特性** 无论是矿物型还是 PAG 合成型冷冻油，都是高度精炼油，没有一般机油中所加的添加剂和去污剂。冷冻油在很低的温度下仍可自由流动，其中含有防止空调系统起泡沫的添加剂。冷冻油易吸收水分，如保存不当，可能无法再用。例如，一罐开启的 PAG 油在潮湿天气下放置 5 天就会含有 2% 的水分。如果在空调系统中使用这种饱含水分的润滑油，就会形成酸性物，损坏密封和其他机件。冷冻油用后一定要封好，从运行的空调系统中放出的冷冻油不可再用。

图 3-4　R134a 系统冷冻油（PAG）

你学会了吗？

1. 汽车空调制冷系统主要由哪些部件组成？
2. 空调制冷系统的制冷循环工作过程是怎样的？
3. R134a 制冷剂有什么特点？空调制冷系统为什么要使用冷冻油？
4. 空调制冷系统常采用哪种冷冻油？它有什么特点？

第 4 天　空调制冷系统的重要部件

学习目标

1. 了解空调制冷系统重要部件的作用和工作原理。
2. 了解空调制冷系统一些重要部件的结构。

基础知识

一、空调压缩机

空调压缩机（图 4-1）通过传动带与发动机曲轴减振带轮连接，依靠电磁离合器将发动机动力传送到压缩机，从而驱动压缩机工作。压缩机工作时，抽取蒸发器中气态制冷剂，将其压缩成高温高压雾态制冷剂，并输送至冷凝器。

压缩机只能压缩气态制冷剂，液体制冷剂进入压缩机可能损坏压缩机。空调电气控制系统通过电磁离合器接通或切断压缩机。安全阀防止系统制冷剂压力过大。如系统压力过高，安全阀便会开启，将制冷剂泄入大气。

图 4-1　空调压缩机外观图

二、冷凝器

如图 4-2 所示，冷凝器通常安装在发动机散热器前面。冷凝器接收来自压缩机的高温高压制冷剂气体并将热量传给外界空气。与蒸发器一样，制冷剂也通过一系列管片在冷凝器中循环。风扇将外界空气吸入，流经冷凝器的表面，制冷剂就可以将所带的热量传递给空气。随着温度下降，制冷剂从高压气体变为高压液体。冷凝器的散热效率对空调的运行具有重要意义，冷凝器散发的热量越多，蒸发器的冷却效果越好。

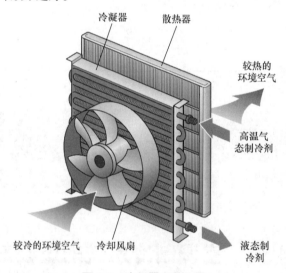

图 4-2　冷凝器安装位置

汽车上的冷凝器分为管片式、管带式和平行流式（过冷平行流式）。R134a 制冷剂从冷凝器上方的管路进入冷凝器，自上而下进行冷却。如图 4-3 所示，平行流式冷凝器的设计很像一个散热器，但不像管带式那样只在一路中循环，平行流式冷凝器使制冷剂同时有几路循环，这使得制冷剂与外界空气有更大的接触面积。

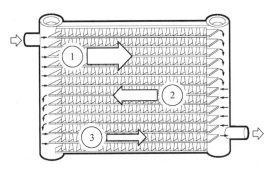

图 4-3 平行流式冷凝器
1—高压高温蒸气 2—高压高温液体 3—高压中温液体

三、蒸发器

如图 4-4 所示，蒸发器安装在空调蒸发箱内，位于靠近车舱的地方。空调制冷系统工作时，鼓风机风扇将室内空气吹过蒸发器，空气和蒸发器内的制冷剂进行热交换，制冷剂吸收蒸发箱周围空气中的热量，变成低温低压的气态制冷剂被压缩机吸走。同时，空气中的水分凝结在蒸发器的散热片上，并通过接水盘和排水管排出车外。

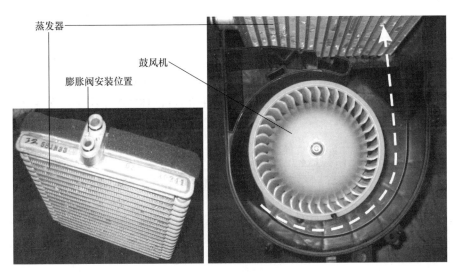

图 4-4 空调蒸发器

四、膨胀阀

膨胀阀的作用是调节进入蒸发器的制冷剂流量，使制冷剂从高压液态变成低压雾状物，便于蒸发器蒸发。为了得到最大的制冷潜力，液体制冷剂在进入蒸发器前必须降低压力。降压后，制冷剂的温度和沸点下降，在通过蒸发器时就可以吸收更多的热量。

汽车空调系统常采用 H 型热力膨胀阀（图 4-5），其工作原理如下：

1）当汽车空调制冷系统刚刚开启或热负荷大时，感温元件内的制冷剂压力较大，膜片克服弹簧力和蒸发器出口处制冷剂的压力，推动顶杆和传动杆向下打开球阀，直到一平衡位置，这就增大了高压制冷剂进入蒸发器的流量。

2）当汽车空调制冷系统热负荷小或者需要关闭时，感温元件内的制冷剂压力变小，弹簧力和蒸发器出口处制冷剂的压力之和大于感温元件的膜片压力，于是顶杆和传动杆向上移动，直到一平衡位置，以关小球阀开口，这样就减小了高压制冷剂进入蒸发器的流量。

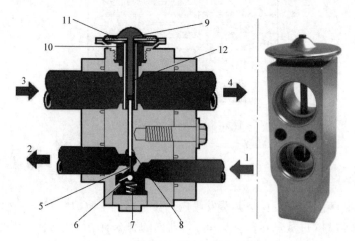

图 4-5　H 型热力膨胀阀结构示意图

1—自储液干燥器　2—到蒸发器　3—自蒸发器　4—至压缩机　5—顶杆
6—球阀　7—弹簧　8—传动杆　9—制冷剂　10—薄膜下压力补偿　11—膜片　12—感温元件

五、节流孔管

与膨胀阀一样，节流孔管也是空调系统高低压侧的分界。如图 4-6 所示，在节流孔管中，制冷剂 R134a 流过一个有限制的小孔，把进入蒸发器前的制冷剂进行降温和降压。通过量孔（毛细管）的制冷剂压力差决定了制冷剂流量，滤网放置在量孔的进出口以过滤任何可能进入的杂质。

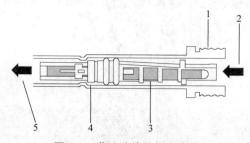

图 4-6　节流孔管结构示意图

1—制冷管路　2—自冷凝器的高压液体　3—滤网　4—量孔　5—至蒸发器的低压液体

六、储液干燥器

储液干燥器（图 4-7）位于空调系统高压侧冷凝器出口附近，有的集成在冷凝器上，成为一体，它是保证压缩机和制冷系统正常运行的必要设备。它的作用如下：

（1）气液分离　布置在冷凝器和膨胀阀之间，起气液分离作用，确保进入膨胀阀的制冷剂为液体状态。

（2）储液　用来储存和供应制冷系统内的液体制冷剂，以便工况变动时能补偿和调节液体制冷剂的盈亏。

（3）过滤　通过过滤器来清除机械杂物和污染杂质，保证制冷剂顺利流通，不致因堵塞而影响正常工作。

（4）干燥　用来吸收制冷剂中的水分。水分来源于制冷剂干燥不严格，或有空气进入系统管路，或冷冻油中溶解的水分。水分的存在有可能造成"冰堵"。

储液干燥器可能带有空调压力开关和供系统运行与检修用的维修端口。

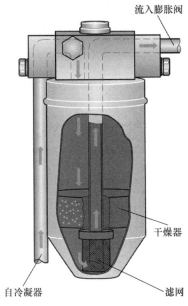

图 4-7　储液干燥器结构示意图

七、空调管路

如图 4-8 所示，汽车空调管路分为低压管路和高压管路，两者通过双管支架固定在车身上。低压管路直径较大，高压管路则显得细小，两者比较容易在车上区分开来。高低压管路最终通过安装在发动机舱前隔板处的 H 型膨胀阀连接到蒸发器参与蒸发吸热。

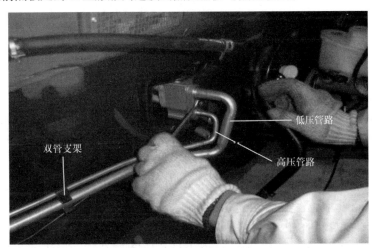

图 4-8　空调高低压管路

用在 R134a 空调系统管路接头处的 O 形圈，其材质为丁腈橡胶，并且通过颜色（绿色）加以区分。O 形圈可以用矿物油进行润滑，空调系统所有管路、组件都事先涂有润滑油。检修空调系统时，要使用正确的 O 形圈。

你学会了吗?

1. 空调压缩机起什么作用？它是如何工作的？
2. 空调冷凝器和蒸发器分别起什么作用？
3. 储液干燥器起什么作用？其结构是怎样的？
4. 膨胀阀起什么作用？H型热力膨胀阀的工作原理是怎样的？

第5天　定排量空调压缩机

1. 了解定排量空调压缩机的类型、结构特点与工作原理。
2. 了解空调压缩机离合器的结构与工作原理。
3. 空调压缩机离合器间隙的检查与调整方法。
4. 掌握空调压缩机离合器励磁线圈的更换方法。

使用R134a制冷剂的汽车空调系统，可以采用很多不同形式的压缩机。总的来说可以分为定排量式和变排量式。定排量压缩机的排气量随着发动机转速的提高而成比例地提高，它不能根据制冷的需求自动改变功率输出，对发动机油耗的影响比较大。它的控制一般通过采集蒸发器出风口的温度信号，当温度达到设定的温度，压缩机电磁离合器断开，压缩机停止工作。当温度升高后，电磁离合器接合，压缩机开始工作。定排量压缩机也受空调系统压力的控制，当管路内压力过高时，压缩机停止工作。

空调压缩机是汽车空调制冷系统的"心脏"，起着压缩和输送制冷剂蒸气的作用。定排量空调压缩机内部可以设计成往复式（曲柄连杆式）、涡旋式、斜盘式和旋叶式等。但不管是什么形式，其作用都和泵一样，让R134a制冷剂和冷冻油在系统内得以循环，并且给其增加足够的温度和压力。

一、往复式压缩机

这种压缩机的结构和发动机气缸很像，工作原理也与发动机气缸进排气一样，工作过程可以分为4个，即压缩、排气、膨胀、吸气。曲轴旋转时，通过连杆带动活塞往复运动，由气缸内壁、气缸盖和活塞顶面构成的工作容积便会发生周期性变化，从而在制冷系统中起到压缩和输送制冷剂的作用。如图5-1所示，往复式压缩机是第1代压缩机，制造技术成熟，结构简单，而且对加工材料和加工工艺要求较低，造价比较低，适应性强，能适应广阔的压力范围和制冷量要求，可维修性强。

往复式压缩机的明显缺点是无法实现较高转速,机器大而重,不容易实现轻量化;排气不连续,气流容易出现波动,工作时有较大的振动。

由于往复式压缩机的上述特点,已经很少有小排量压缩机采用这种结构形式,目前大多应用在客车和货车的大排量空调系统中。

二、斜盘式压缩机

如图 5-2 所示,斜盘式压缩机由主轴、锥齿轮、斜盘、连杆、活塞、进排气阀和摇板等组成。斜盘式压缩机是一种轴向往复活塞式压缩机,由摇板操作的活塞在气缸内做往复运动。当斜盘转动时,摇板的角度将会发生改变,并绕着锥齿轮摆动,再通过连杆使活塞在气缸中往复运动,将制冷剂蒸气吸入到吸气端,然后压缩,将高压蒸气输送到冷凝器。

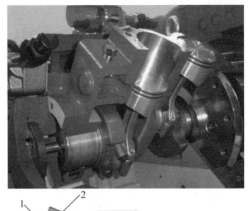

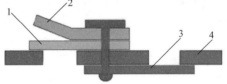

图 5-1　往复式压缩机的结构

1—排气阀　2—排气限位阀　3—进气阀　4—压缩机壳体

斜盘式压缩机比较容易实现小型化和轻量化,还可以实现高转速工作。它的结构紧凑,效率高,性能可靠,目前广泛应用于汽车空调中。

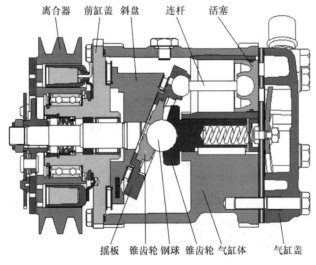

图 5-2　斜盘式压缩机的结构

三、涡旋式压缩机

如图 5-3 所示,涡旋式压缩机由一个固定的渐开线涡旋盘(定子)和一个呈偏心回旋平动的渐开线涡旋盘(动子)相互啮合而成,两者偏心配置且相差 180°。在吸气、压缩、排气工作过程中,定子固定在机架上,动子由偏心轴驱动并由防自转机构制约,围绕定子基圆中心,做很小半径的平面转动。气体通过空气滤芯吸入定子的外围,随着偏心轴旋转,气体在涡旋盘啮合所组合的若干个月牙形压缩腔内被逐步压缩,然后通过排气孔弹簧阀门从压缩机后端排出。

涡旋式压缩机的主要运行件涡盘很少磨损。涡旋式压缩机结构新颖、精密,具有体积小、噪声低、重量轻、振动小、能耗小、寿命长、输气连续平稳等优点,被誉为免维修压缩机。

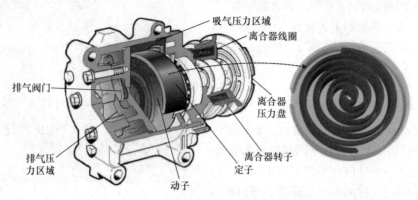

图 5-3 涡旋式压缩机结构示意图

四、旋叶式压缩机

旋叶式压缩机的气缸形状有圆形和椭圆形(图 5-4)2 种。在圆形气缸中,转子的主轴与气缸的圆心有一个偏心距,使转子紧贴在气缸内表面的吸、排气孔之间。在椭圆形气缸中,转子的主轴和椭圆中心重合。转子上的叶片将气缸分成几个空间,当主轴带动转子旋转一周时,这些空间的容积不断发生变化,制冷剂蒸气在这些空间内也发生体积和温度上的变化。旋叶式压缩机没有吸气阀,因为叶片能完成吸入和压缩制冷剂的任务。如果有 3 个叶片,则主轴旋转一周有 3 次排气过程。叶片越多,压缩机的排气波动就越小。

由于旋叶片式压缩机的体积和重量可以做到很小,易于在狭小的发动机舱内进行布置,加之噪声和振动小以及容积效率高等优点,在汽车空调系统中也得到了一定的应用。但是旋叶式压缩机对加工精度要求很高,制造成本较高。

图 5-4 椭圆形旋叶式压缩机内部结构

五、压缩机离合器

空调压缩机离合器是汽车发动机和空调压缩机之间的一个动力传递装置,汽车空调压缩机是通过电磁离合器来驱动的。压缩机离合器一般都由带轮总成、线圈总成和驱动盘总成三个部分组成,如图 5-5 所示。

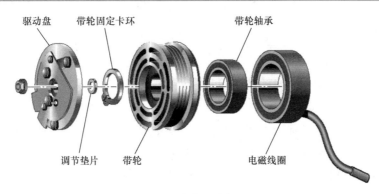

图 5-5 离合器分解图

当压缩机离合器不工作时，压缩机不转，只有带轮在空转，制冷剂也不循环。当电流通过离合器线圈绕组时，产生较强的磁场，驱动盘被线圈磁力牢牢吸住，与带轮成为一体。由于压缩机主轴通过键与毂连接，而驱动盘与毂紧箍，如果带轮旋转，主轴即被驱动。当离合器线圈断电时，驱动盘在弹力下回位，带轮只在轴承上空转。

作为高速旋转的工作部件，加上工作环境恶劣，空调压缩机易出现各种故障。常见的故障有异响、泄漏以及不工作等。

（1）异响　引起压缩机异响的原因很多，例如压缩机电磁离合器损坏或压缩机内部磨损严重等均可产生异响。

① 压缩机电磁离合器是出现异响的常见部位。压缩机经常在高负荷下从低速到高速变速运转，所以对电磁离合器的要求很高，而且电磁离合器的安装位置一般离地面较近，经常会接触到雨水和泥土，当电磁离合器内的轴承损坏时就会产生异响。

② 除了电磁离合器自身的问题，压缩机传动带的松紧度也直接影响着电磁离合器的寿命。传动带过松，电磁离合器就容易出现打滑；传动带过紧，电磁离合器上的负荷就会增加。传动带松紧度不当时，轻则引起压缩机不工作，重则引起压缩机的损坏。

③ 电磁离合器的反复吸合也会造成压缩机出现异响。例如发电机的发电量不足、空调系统压力过高，或者发动机负荷过大，这些都会造成电磁离合器的反复吸合。

④ 电磁离合器与压缩机安装面之间应该有一定的间隙，如果间隙过大，那么冲击也会增大，如果间隙过小，电磁离合器工作时就会与压缩机安装面之间产生运动干涉，这也是产生异响的一个常见原因。

⑤ 压缩机工作时需要可靠的润滑。当压缩机缺少润滑油，或者润滑油使用不当时，压缩机内部就会产生严重异响，甚至造成压缩机磨损报废。

（2）泄漏　制冷剂泄漏是空调系统的常见问题。压缩机泄漏的部位通常在压缩机与高低压管的接合处，此处通常因为安装位置的原因，检查起来比较麻烦。空调系统内部压力很高，当制冷剂泄漏时，压缩机润滑油会随之损失，这会导致空调系统不工作或压缩机润滑不良。空调压缩机上都有泄压保护阀，泄压保护阀通常是一次性使用，在系统压力过高进行泄压后，应该及时更换泄压保护阀。

（3）不工作　空调压缩机不工作的原因有很多，通常是因为相关电路的问题。可以通过给压缩机电磁离合器直接供电的方式初步检查压缩机是否损坏。

一、空调压缩机离合器的检查与调整

1)将压缩机固定在台虎钳上。

2)检查驱动盘是否变色、脱落或有其他损坏。如果有损坏,更换离合器组件。

3)用手旋转转子带轮,检查转子带轮轴承间隙和卡滞情况。同时检查轴承上是否有润滑脂泄漏。如果离合器组件有噪声或间隙/卡滞过大,或离合器表面有轴承油脂污染物,则换上一个新的离合器组件。

4)如图5-6所示,用塞尺测量转子带轮A和驱动盘B之间的间隙。如果间隙不在规定范围内,拆下驱动盘并根据需要添加或去掉一部分垫片以增加或减小间隙(图5-7)。

间隙:0.3~0.6mm。

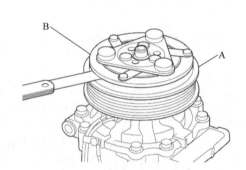

图5-6 测量离合器间隙

图5-7 调节离合器间隙

5)如图5-8所示,松开托架上的励磁线圈插接器,然后断开,测量热保护装置的导通性。如果不导通,更换热保护装置。

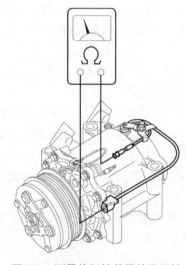

图5-8 测量热保护装置的导通性

> **注 意**
>
> 热保护装置在 122~128℃ 以上不导通。温度下降至 116~104℃ 以下时，热保护装置导通。

6）如图 5-9 所示，测量电磁线圈 A 的电阻。如果电阻不在规定范围内，更换电磁线圈。
电磁线圈电阻：20℃时为 3.05~3.45Ω。

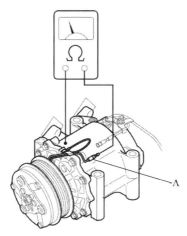

图 5-9 测量电磁线圈 A 的电阻

二、空调压缩机离合器的大修

1）如图 5-10 所示，用通用空调离合器固定器 B 固定驱动盘 A，拆下中心螺母。

2）如图 5-11 所示，拆下驱动盘 A 和垫片 B，不要弄丢垫片。如果离合器需要调整，必要时增加或减少垫片的数量和厚度，然后重新安装驱动盘，并重新检查间隙。

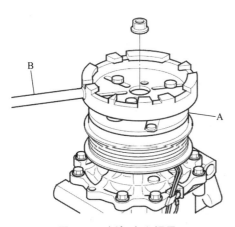

图 5-10 拆卸中心螺母

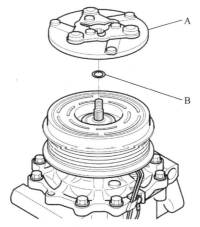

图 5-11 取下驱动盘和垫片

3）如果正在更换励磁线圈，则用卡环钳拆下卡环 A，然后用拉拔器拆下转子带轮 B，小心不要损坏转子带轮和空调压缩机，如图 5-12 所示。

4）如图 5-13 所示，拆下螺栓和固定器 A，然后断开励磁线圈插接器 B。使用卡环钳拆下卡环 C，然后拆下励磁线圈 D。不要损坏励磁线圈和空调压缩机。

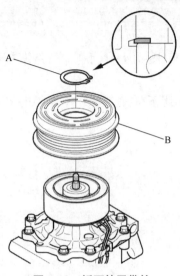
图 5-12 拆下转子带轮

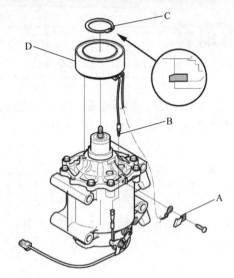
图 5-13 拆下励磁线圈

五十铃汽车空调开机后离合器打滑。

故障现象：一辆五十铃（NKR 系列）汽车在开空调时，压缩机电磁离合器一直吸不上，打滑。

故障分析与排除：

1) 停车后检查压缩机传动带松紧度，正常。然后起动发动机，打开空调，此时怠速转速在 900r/min 左右，用数字万用表测量压缩机电磁线圈，电压为 12V，电流在 3.3~3.5A 之间，正常。

2) 由此断定，电磁线圈无故障，故障点是电磁离合器。

3) 因为引起离合器打滑的原因有电磁线圈吸力不够、压缩机传动带过松、离合器压板与带轮之间间隙不对。压板与离合器带轮之间的间隙应为 0.4~0.8mm，而用专用塞尺测量其间隙，明显偏大。

4) 因此车压缩机安装于发动机上部，停机后，用工具将压缩机压板拆下，此时不需要排空制冷剂。拆下压板后，发现其后部有三个垫片，其中一个厚度过厚，用千分尺一量，其中一个厚度在 0.8mm 以上，而另外两个为正规的 0.1mm、0.3mm，很明显，此垫片为以后装配，因间隙不对导致电磁线圈对压板吸力不够，压缩机打滑。

5) 更换垫片后，按要求装好，再打开空调，故障排除。

你学会了吗？

1. 斜盘式压缩机由哪些部分组成？它是怎样工作的？有何特点？
2. 涡旋式压缩机由哪些部分组成？它是怎样工作的？有何特点？
3. 旋叶式压缩机由哪些部分组成？它是怎样工作的？有何特点？
4. 压缩机离合器起什么作用？它由哪些部件组成？
5. 压缩机的常见故障有哪些？
6. 怎样检查及调整空调压缩机离合器间隙？

第6天　变排量空调压缩机

1. 了解变排量空调压缩机的特点和基本工作原理。
2. 学习机械式变排量空调压缩机的结构特点与工作原理。
3. 学习电控式变排量空调压缩机的结构特点与工作原理。
4. 了解一些变排量压缩机故障的排除方法。

传统压缩机的排量是固定不变的，而现在许多新式空调系统采用了变排量压缩机。空调系统工作时，通过改变压缩机的排气量即可改变制冷量。

一、变排量压缩机的特点

变排量压缩机由传统的斜盘式压缩机发展而来。传统的斜盘式压缩机中，斜盘或摇板的偏转角度是固定不变的，即活塞的最大行程是固定的。而升级为变排量压缩机后，调节斜盘或摇板的角度，就可以调节活塞的最大行程，改变压缩机的排气量。

变排量压缩机根据设定的温度自动调节功率输出，它根据空调管路内压力的变化信号控制压缩机的压缩比，来自动调节出风口温度。在制冷的全过程中，压缩机始终是工作的，制冷强度的调节完全依赖压缩机内部的压力调节阀来控制。当空调管路内高压端的压力过高时，压力调节阀缩短压缩机内活塞行程以减小压缩比，这样就会降低制冷强度。当高压端压力下降到一定程度，低压端压力上升到一定程度时，压力调节阀则增大活塞行程以提高制冷强度。

采用变排量空调压缩机的好处有：压缩机一直运转，无接合冲击，提高了舒适性；通过调节蒸发器的温度使制冷量和热负荷及能量消耗完美匹配，减少了再加热过程，使出风口的温度、湿度恒定调节；由于排量可以降低到近0%，省去离合器可使重量减轻；压缩机的功率消耗下降，燃油消耗下降；新结构的压缩机带轮消除了转矩波动，同时起到过载保护的作用。

二、变排量压缩机的结构

变排量压缩机常采用摇摆斜盘式结构（图6-1），相对于定排量压缩机的不同之处在于：

1）摆动盘（斜盘）通过导向销和传动柄相连，传动柄与主轴连成一体，导向销安装在传动柄的偏心槽内，它可使摆动盘与主轴倾斜成某一范围内的任意角度，从而改变压缩机排量。摆动盘与主轴角度不同，可使活塞行程改变，同时压缩机排量也随之变化。

2）在变排量压缩机后端有一个控制阀总成，控制阀内有一个压力感应波纹管，此波纹管感应压缩机吸气压力，可控制摇板箱内气体压力，摇板箱内气体压力变化导致摆动盘角度变化，从而调节压缩机排量。

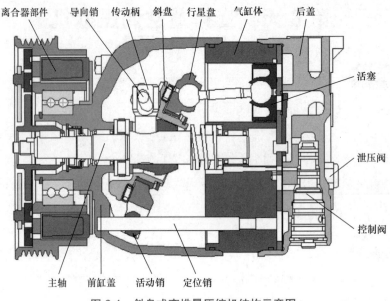

图6-1 斜盘式变排量压缩机结构示意图

如图6-2所示,压缩机排量由位于压缩机顶端的控制阀控制,控制阀感知制冷系统的需求和低压端的压力,从而调节曲轴箱内压力,进而调节斜盘角度,改变压缩机排量。

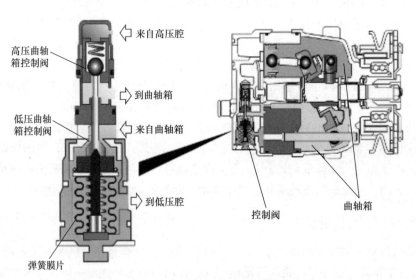

图6-2 压力控制阀结构示意图

SD7V变排量空调压缩机气门和压力控制阀的结构分解图如图6-3所示。通过这些分解图,可以更容易弄懂压力控制阀的结构和工作原理。

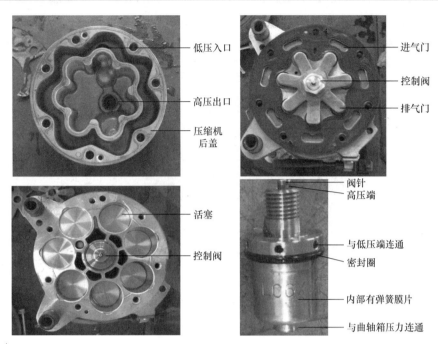

图 6-3 压缩机气门和压力控制阀结构分解图

三、变排量压缩机工作原理

排量的改变是依靠压缩机曲轴箱压力的改变来实现的。曲轴箱压力降低，作用在活塞上的反作用力就使摆动盘倾斜一定角度，这就增加了活塞行程（即增加了压缩机排量）；反之，曲轴箱压力增加，这就增加了作用在活塞背面的作用力，使摆动盘往回移动，减小了倾角，即减小了活塞行程（也就减小压缩机排量）。

（1）制冷需求高时 在制冷负荷比较大时，压缩机吸气侧压力增加，当吸气侧压力超过设定值，高的吸气压力使波纹管（弹簧胶片）收缩，针阀下落，钢球落在球座上，将高压侧气体和曲轴箱内气体的通道封死。这样就阻止了高压侧气体通向曲轴箱。与此同时，从低压侧到曲轴箱的通道打开，部分曲轴箱的气体通向吸气侧，从而降低了曲轴箱内压力，使压缩机排量增加。

（2）制冷需求低时 在制冷负荷比较小时，吸气压力降低到低于控制点时，波纹管膨胀，针阀把钢球向上推，使之离开球座。这样，高压气体就能通过控制阀进入曲轴箱。结果是曲轴箱内压力增加，从而减小压缩机排量。

在变排量压缩机制冷系统中，若制冷负荷不变，而发动机转速增加，则压缩机活塞行程减小，降低了压缩机的排量，使制冷剂流量保持不变。这样既满足了制冷负荷的要求，同时也降低了发动机的功耗。

四、电控可变排量压缩机

随着电控技术的发展，空调制冷压缩机由机械可变排量压缩机发展成为电控可变排量压缩机。其优点是适应性更广，只要更改控制程序便可适应多种车型，并可实现排量的无级调节，更节油且无冲击。

电控可变排量压缩机的工作原理类似于机械变排量压缩机，不同之处在于电控式控制阀具有控制单元（图 6-4）。空调控制单元根据所需温度、外部与内部温度、蒸发器温度以及制冷剂压力的变化，对电磁阀（调节阀）的占空比进行控制，使斜盘的倾斜角度改变，从而改变了压缩机排量以及产生的制冷输出功率。

在制冷功能被关闭后，多楔带仍驱动压缩机连续运转。制冷剂流量被相应降低至2%。

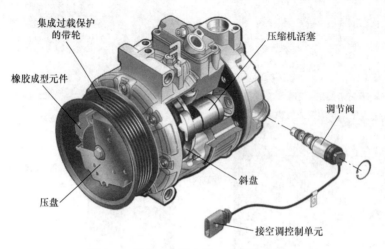

图6-4　带电磁阀的电控可变排量压缩机

（1）压缩机零负荷　如图6-5所示，关闭空调或所需的制冷量较低时，调节阀的阀门开启，曲轴箱和高压腔之间的通道被打开，高压腔和压缩机曲轴箱相通，高压腔压力和曲轴箱压力达到平衡，斜盘的倾斜角度减小直至低于2%的排量。当系统的吸气压力特别低时，压力元件被释放，使挺杆的调节行程受到限制，这就意味着高压腔和曲轴箱不能被完全隔断，从而使压缩机的排量变小。

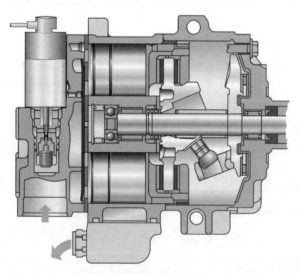

图6-5　压缩机零负荷工况

（2）压缩机全负荷　如图6-6所示，全负荷时，阀门关闭，曲轴箱和高压腔之间的通道被隔断，曲轴箱的压力下降，斜盘的倾斜角度加大，直至达到100%的排量；当系统的低压较高时，真空膜盒被压缩，阀门挺杆被松开，继续向下移动，使得高压腔和曲轴箱进一步被隔离，从而使压缩机达到100%的排量。

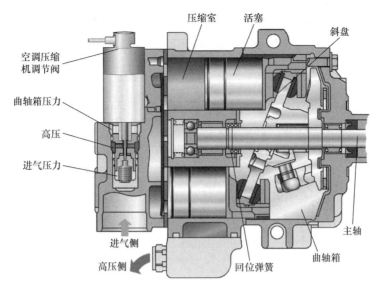

图 6-6 压缩机全负荷工况

（3）过载保护

1）压缩机正常工作。如图 6-7 所示，压缩机有效工作时，多楔带带轮与驱动盘之间有一个与二者紧密相连的成型橡胶件。当压缩机运转时，两个盘片以相同速度旋转。

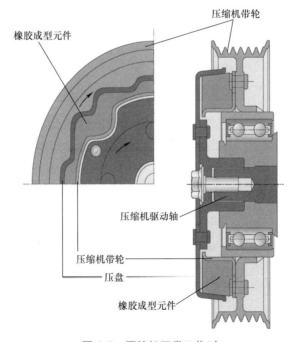

图 6-7 压缩机正常工作时

2）压缩机停止工作。如图 6-8 所示，当压缩机因内部损坏而堵转时，可能会使驱动轮锁上，此时也会导致压盘（从动盘）锁止。这时，带轮与压盘之间的传递力大大增加。橡胶成型元件将由带轮沿旋转方向压向锁止的压盘。橡胶元件外端受剪切力且带轮与压盘之间的连接断开，带轮可以继续自由旋转。这样就不会损坏多楔带，并避免了发动机（或驱动压缩机的电动机）的损坏。

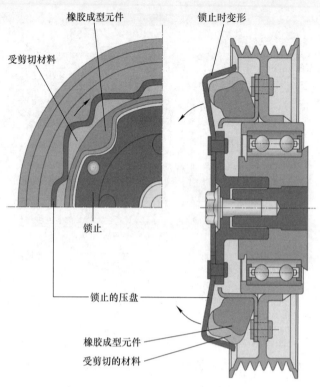

图 6-8 压缩机堵转时

1. 空调压缩机发出异响

故障现象：一辆赛欧车型的变排量压缩机工作时发出较低沉的、有节奏的"咕、咕"声。异响出现初期，在发动机提速时可以听到，在发动机降速接近怠速时也能听到。

故障诊断与排除：通过对出现这种异响的压缩机进行解体检查，发现斜盘的定位销都有不同程度的松动现象。用压床对定位销进行重新压紧后，异响现象消失，从而断定此类异响大多发生在斜盘的定位销处。

故障分析：如果压缩机经常处于斜盘在最大倾斜角度或压缩机负荷较大的情况下工作，就容易导致斜盘的定位销松动，从而产生异响。为了减小压缩机斜盘的倾斜角度，降低压缩机的负荷，可以采取以下措施：

1）减少制冷剂的加注量。

2）控制冷冻油的油量不要过多。

3）适当调整膨胀阀的开启度。

2. 速腾轿车空调系统制冷量偏低

故障现象：一辆速腾轿车的空调系统出现故障，在天热的时候空调不够冷，有时起动 10min 以上仍无冷风吹出。

故障诊断与分析：

1）此车采用的是电控可变排量压缩机，用故障诊断仪检测所有系统都无故障记忆。

2）在空调压缩机工作的情况下读取数据流，选择"08（空调）-08（数据流）"。

组号 – 区号	001-1	001-2	010-1	012-4
数据项	压缩机电流	系统压力	蒸发器温度	压缩机所需转矩
标准值	0.7~0.8A	14~15bar⊖	3℃	7~8N·m
此车值	0.8A	12bar	12℃	2~3N·m

3）根据检测的数据可以看出，蒸发器温度偏高且压缩机所需转矩偏低。压缩机正常工作电流在0.8A左右，并且随着室内温度逐渐下降，空调控制单元会逐渐减小压缩机电流降低输出功率。此时蒸发器温度为12℃，而压缩机电流已调节到最大值，此时可分析出，空调控制单元判断制冷功率不足（蒸发器温度过高），因此以大功率输出制冷，但压缩机所需转矩为2~3N·m，比标准值低。也就是说，空调控制单元希望压缩机100%满负荷工作，但压缩机实际只需50%转矩就能达到满负荷工作要求。

4）综合上述可以判断，压缩机电磁阀N280或压缩机内活塞等机构故障，导致输出功率不足使空调不够凉。

故障处理方法：

1）由于无单独的N280空调压力调节阀供货，所以更换了压缩机总成。

2）更换压缩机后数据如下：

组号 – 区号	001-1	001-4	010-1	012-4
数据项	压缩机电流	系统压力	蒸发器温度	压缩机所需转矩
此车值	0.8A	15bar	3℃	6~7N·m

对比维修前后可以发现，压缩机工作电流基本一样，但压缩机转矩提升了2~3倍，而蒸发器温度降低至3℃，系统压力提升了3bar。至此，故障排除。

你学会了吗？

1. 什么是可变排量空调压缩机？有何特点？
2. 汽车空调系统采用变排量压缩机的好处有哪些？
3. 机械式变排量空调压缩机是如何工作的？
4. 电控式变排量空调压缩机是如何工作的？
5. 变排量压缩机发生堵转时，离合器如何发挥过载保护作用？

第7天　空调采暖系统

学习目标

1. 了解汽车空调取暖系统的作用和种类。
2. 掌握空调取暖系统的结构和工作原理。
3. 了解取暖系统工作不正常的原因，掌握其检修方法。
4. 学会拆卸和安装空调加热器芯。

⊖ 1bar=0.1MPa。

一、空调采暖系统的作用

汽车的空调系统除了有制冷功能，还具有制热取暖的功能。汽车空调采暖系统将车外新鲜空气引入热交换器，吸收其中某种热源的热量，从而提高空气的温度，并将热空气送入车内。汽车空调采暖系统的主要作用如下：

1）与蒸发器一起共同将空气调节到使人感到舒适的温度。

2）在寒冷的冬季向车内提供暖气，提高车内空气的温度。

3）当车窗玻璃结雾或结霜，影响驾驶人和乘客的视线，不利于行车安全时，可通过采暖装置吹出热风来除雾或除霜。

二、采暖系统的种类

汽车空调采暖系统的种类很多，按所使用的热源可分为余热式采暖系统和独立式采暖系统。余热式采暖系统分为水暖式和气暖式两种，主要利用发动机冷却液的余热或发动机排气的余热作为热源，并引入热交换器，由风机将车内或车外空气吹过热交换器使之升温。余热式采暖系统设备简单，使用安全，运行经济。其缺点是热量较少，受汽车运行工况的影响，发动机不运行时，没有暖风供应。目前轿车上主要采用水暖式采暖系统和电辅助加热装置，大型车辆上主要采用燃气取暖系统。

1. 水暖式暖风系统

水暖式暖风系统是以发动机冷却系统中的冷却液为热源，将冷却液引入车室内的热交换器（加热器芯）中，同时鼓风机将车室内的循环空气或外部空气吹向加热器，冷空气与加热器中的冷却液进行热交换，变成热空气后被导入车室，调控车室内的温度。如图7-1所示，水暖式暖风系统由加热器芯、热水阀、鼓风机、控制面板等组成。

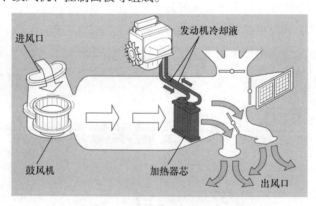

图7-1 水暖式暖风系统组成示意图

（1）加热器芯 如图7-2所示，加热器芯由水管和散热器片组成。发动机冷却液进入加热器的水道，通过折叠状的散热器片散热后，再返回发动机冷却系统。

（2）热水阀 热水阀通常装在加热器入水管的前面，用来控制进入加热器芯的水量，进而调节暖风系统的加热量。调节时，可通过控制面板上的温度调节杆或旋钮进行控制，其结构如图7-3所示。

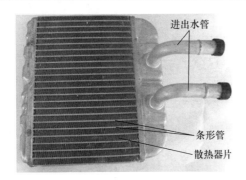

图 7-2 加热器芯的外观及结构

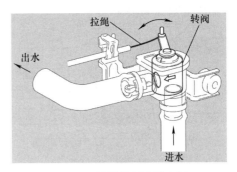

图 7-3 拉绳控制式热水阀

有的车型则没有热水阀,在这类车型中,发动机冷却液是恒量地流过加热器芯的。

(3)鼓风机 如图 7-4 所示,鼓风机由可调节速度的直流电动机和鼠笼式风扇组成,其作用是将空气吹向加热器芯,使空气与加热器芯中的冷却液进行热交换,冷风经加热后送入车室内。通过调节电动机的转速,就可以调节空调系统对车室内的送风量。

图 7-4 鼓风机的外观及结构

> **特别提示**
>
> 风扇按结构形式可分为轴流式和离心式,鼠笼式风扇属于离心式风扇,其特点是尺寸较小,电动机转速也可以较低。发动机散热风扇属于轴流式风扇,是比较常见的风扇。

2. 水暖式暖风系统调节温度的方式

就暖风系统而言,其温度的调节方式有两种,一种是空气混合型,另一种是水流调节型。

(1)空气混合型 如图 7-5 所示,这种类型的暖风系统在暖风的气道中安装了空气混合调节风门,这个风门可以控制通过加热器芯的空气和不通过加热器芯的空气的比例,实现温度的调节。目前绝大多数汽车采用这种方式。

(2)水流调节型 如图 7-6 所示,这类暖风系统采用前述的水阀,调节流经加热器芯的热水量,改变加热器芯本身的温度,进而调节空调出风温度。

3. 电辅助加热装置

在某些汽车中,暖风装置通过一个电辅助加热装置(图 7-7)来获得额外的热量。发动机在车外温度较低冷起动时,冷却液的余热不足以通过常规的加热器芯给车内供暖。为此,在空调器中安装了 PTC 元件,它将进入车内的空气通过车载电网中的电能加热,这样在冷起动后马上就有热能提供以便供暖。

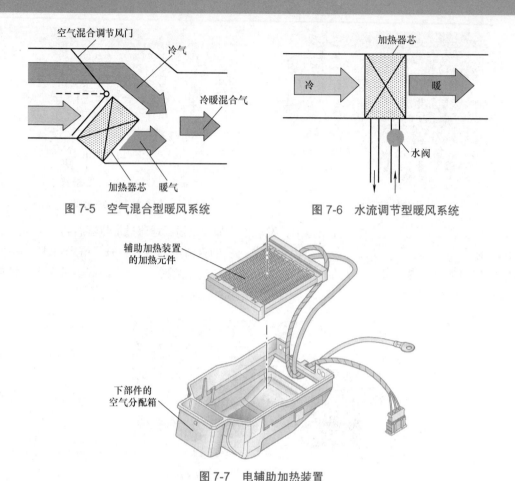

图 7-5 空气混合型暖风系统　　图 7-6 水流调节型暖风系统

图 7-7 电辅助加热装置

4. 燃气取暖系统

在大、中型客车上,仅靠发动机冷却液的余热取暖是远远满足不了要求的,为此,在大客车中常采用燃气取暖系统。燃气取暖系统的结构如图 7-8 所示,燃油和空气在燃烧室中混合燃烧,加热发动机的冷却液,加热后的水进入加热器芯向外散热,降温后返回发动机再进行循环。

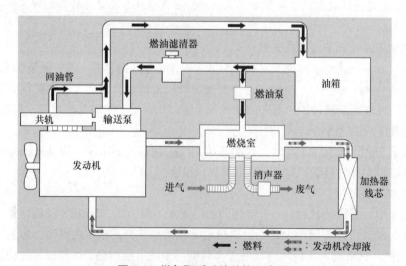

图 7-8 燃气取暖系统结构示意图

由于燃气取暖系统具有舒适性高、取暖效果理想、灰尘少等特点，被一般的大、中型客车、旅行车和严寒地区的汽车所采用。

5. 驻车加热系统

驻车加热系统在不依赖发动机的情况下给车内升温或通风，也可以用来预热发动机，冷起动时有利于保护发动机。工作时间可设定在 15~60min 之间。但如果燃油油位已经降到备用区，则会自动切断驻车加热的燃油。如果蓄电池的电力不足，则驻车加热和驻车通风系统会自动关闭。

驻车加热系统是一套完全独立的系统，有其单独的油路、气路及排气装置。具体结构是由汽油（或柴油）箱单独引出一根油管接到一个外置油泵上，此油泵就装在汽油滤芯下面，由单独的电路进行控制。油管装在发动机舱内左侧的转向助力储液罐下面。一旦油气混合燃烧后，产生的热量使水变热并循环，最后通过空调系统传至驾驶室。

一、暖风系统不正常的原因及检修

暖风系统无法送出暖风或送风不热主要分为两方面的原因：一是发动机冷却系统造成的，二是暖风控制机构工作不良导致的。在维修时，先要判定是哪种原因引起的，再进行相应的维修。判别方法很简单，测量加热器芯的两个进水管温度，如果两根水管温度高，说明是风量控制机构问题。反之，如果两根水管温度低，或者是一高一低，说明是冷却系统问题。冷却系统可能出现的问题如下：

1）节温器常开或节温器开启过早，使冷却系统过早地进行大循环，而外部气温很低，特别是汽车行驶起来后，冷风很快把冷却液冷却，发动机冷却液温度不高，暖风也不会热。

2）水泵叶轮破损或转速低，使流经加热器芯的流量不够，热量不达标。

3）发动机冷却系统有气阻，气阻导致冷却系统循环不良，造成冷却液温度高，暖风不热。如果冷却系统总有空气，很可能是气缸垫破损向冷却系统窜气所致。如果加热器芯的进水管很热，而出水管较冷，这种情况应是加热器芯堵塞，应更换加热器芯。

汽车的暖风是利用鼓风机把加热器芯的热风吹入到驾驶室的，如果风量不够或冷热风分配不好，使加热器芯的热量散发不出来，也会造成暖风温度上不来。这时先要检查空调滤清器是否脏污堵塞，进行清理，必要时应及时更换。再检查鼓风机的各档位运转情况，每个档位都要达到足够高的转速。如果旋钮调整到暖风位置，风量够大，风向也正常，吹出来的是冷风，应检查暖风箱冷热风的控制翻板拉索是否脱落，暖风叶轮是否损坏，翻板是否脱落等，排除故障后暖风就会热起来。

二、加热器芯的更换

更换空调取暖系统的加热器芯时，需要先拆下空调暖风单元总成，具体步骤如下：

1）使用制冷剂回收/加注机回收冷冻油。
2）断开蓄电池的负极端子。
3）从蒸发器芯断开储液干燥器管路。
4）冷机时，将发动机冷却液从散热器中排出。
5）如图 7-9 所示，滑回软管卡夹 A，然后将加热器进口软管 B 和加热器出口软管 C 从加热器芯上断开。注意软管布局,软管断开时,发动机冷却液流出。将冷却液排到一个干净的集油盘中。确保不要让冷却液溅到电子零部件或油漆表面上。如果有冷却液溅到上面,应立即冲洗掉。

6)拆下仪表板总成。

7)从鼓风机电阻、蒸发器温度传感器和鼓风机电动机上断开插接器。拆下安装螺栓、安装螺母和鼓风机-加热器单元A,如图7-10所示。

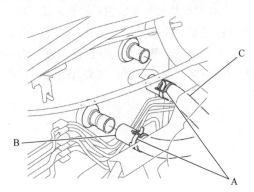
图7-9 断开加热器冷却液进出口软管

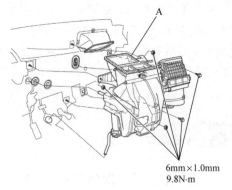
图7-10 拆下鼓风机-加热器单元A

8)如图7-11所示,从卡扣A上拆下插接器。

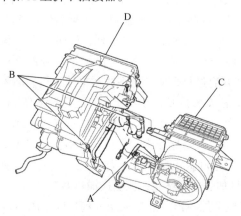
图7-11 拆下插接器

9)拆下自攻丝螺钉B,然后从加热器单元D上拆下鼓风机单元C。

10)如图7-12所示,拆下自攻丝螺钉和管盖A。拆下自攻丝螺钉和管卡夹B,然后小心地拉出加热器芯C以免弯曲进液管和出液管。

11)按照与拆卸相反的顺序安装加热器芯。

12)按照与拆卸相反的顺序安装空调暖风单元,并注意以下事项:

① 不要互换加热器进口和出口软管,并牢固安装软管卡夹。

② 调节空气混合控制拉索、模式控制拉索和内循环控制拉索。

③ 用发动机冷却液重新加注冷却系统。

④ 确保没有冷却液泄漏。

⑤ 确保制冷系统没有泄漏。

⑥ 加注制冷剂。

13)重新连接蓄电池负极端子。

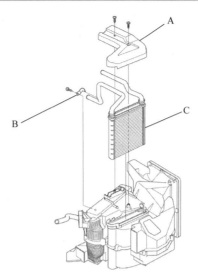

图 7-12　取下加热器芯

你学会了吗?

1. 空调暖风系统起什么作用？可分为哪些类型？
2. 什么是水暖式暖风系统？它由哪些部件组成？
3. 什么是燃气取暖系统？它是如何工作的？
4. 暖风系统不正常的原因有哪些？怎样检修？
5. 拆卸加热器芯时，应先拆卸哪些总成部件？

第8天　空调送风系统

1. 了解空调送风系统的结构组成和作用。
2. 掌握空调送风系统各组成装置的作用和工作原理。
3. 学习如何更换空调滤清器和空调鼓风机。

一、空调送风系统概述

空调送风系统由空气净化装置、进气风门、混合气调节风门、送风模式风门、空气分配管道及风门控制机构等组成。其中，进气风门用于控制空气内循环和外循环；混合气调节风门又叫温度控制风门,用于调节出风温度;送风模式风门将混合气分配至相应空气管道。空调送风系统结构如图 8-1 所示。

目前市面上带空调的汽车,几乎全部采用冷暖一体化空调。无论空调系统需要输送的是冷气还是暖气,都要经过送风配气系统进行输送分配。

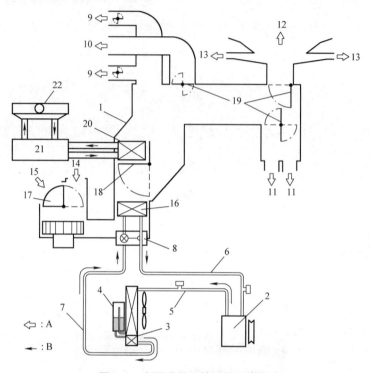

图 8-1 空调送风系统结构示意图

A—气流 B—制冷剂 1—HVAC单元 2—压缩机 3—冷凝器总成 4—储液干燥器
5—排出管 6—吸入管 7—液态管 8—膨胀阀 9—侧通风 10—中央通风 11—脚部通风
12—前除霜气流 13—侧除霜气流 14—新鲜空气 15—循环空气 16—蒸发器 17—进气风门
18—温度控制风门 19—送风模式风门 20—加热器芯 21—发动机 22—散热器

二、空气净化装置

汽车车外空气受到粉尘、烟尘以及汽车尾气中一氧化碳、二氧化硫等有害气体污染,车内空气受乘客呼出的二氧化碳、人体汗味以及漏入车内的废气污染。这些因素降低了车内空气的洁净度,因此,现代汽车空调装备了空气净化装置,能够清除车内空气中的异味,去除车外空气中的花粉和灰尘,使空气净化。

如图 8-2 所示,一般的汽车空调系统装备的是空调过滤器(花粉滤清器),主要是除去空气中的悬浮尘埃。而在一些中高档汽车的空调单元中,还设有除臭和空气负离子发生装置,使空气保持清洁自然。

空调滤芯是由不同性能的无纺布且中间夹有活性炭进行有序复合加工而成的。滤芯加工成褶皱状,有效地增加了过滤面积。汽车空调过滤器不但能过滤空气中的细微颗粒、花粉,同时利用活性炭的物理性能,有效地吸附空气中的甲醛、氨、醋酸等十几种有害气体,尤其对烟雾产生的恶臭气体有显著的吸附效果。汽车空调过滤器对保持车舱内的空气清洁,有效保护驾乘人员的健康起到一定的作用。

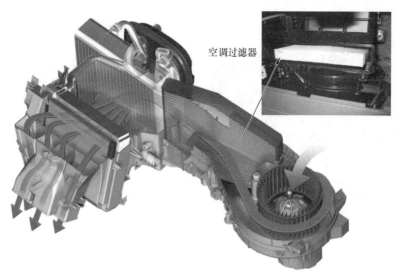

图 8-2 空调进气过滤净化装置

三、空调进气装置

如图 8-3 所示，汽车空调的进气口分为外部新鲜空气入口和室内循环空气入口。轿车的新鲜空气入口安装在前风窗玻璃下部的前围板处，吸入的是车辆外部空气；循环空气入口安装在仪表板下部，吸入的是车内空气。

通风气流由新鲜空气入口或循环入口引入，两进气口的气流比例是由进气模式风门的位置决定的。通过操纵空调控制面板上的进气模式（内外循环）控制拉杆，就可以改变进气模式风门的位置，可以是全部外循环，也可以是全部内循环，还可以是车内外空气按一定比例进入车内进行循环。

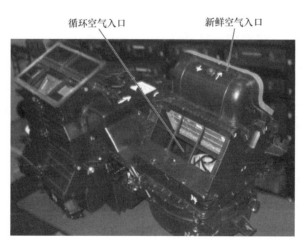

图 8-3 空调单元的进气口

（1）外循环 如图 8-4 所示，当拨动进气转换开关到外循环模式时，拉杆驱动拉索，带动控制机构旋转，控制机构再带动连接臂摆动，使进气模式风门与图示连接臂同步动作。风门为板状结构，此时，一块风门板关闭车内循环空气入口，而另一块打开车外新鲜空气入口，使车外新鲜空气可以进入车舱内。

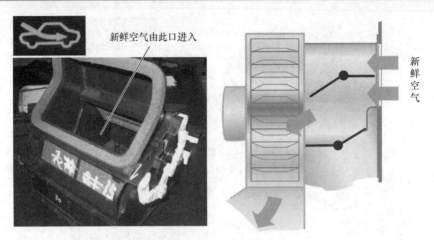

图 8-4　外循环进气模式

（2）内循环　如图 8-5 所示，当拨动进气转换开关到内循环模式时，进气模式风门与图示连接臂同步动作。一块风门板打开车内循环空气入口，而另一块关闭车外新鲜空气入口，室内空气由位于仪表板下方的车内循环空气入口进入，并在鼓风机的作用下在室内进行循环。

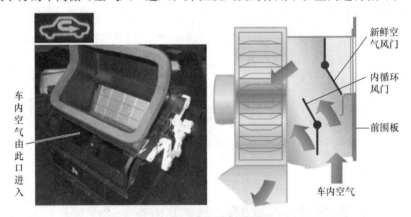

图 8-5　内循环进气模式

外循环状态是利用鼓风机将车外的空气抽吸到车内，也就是说车外与车内的气道是流通的，空调系统吹出的风来自车外。如果设置了外循环，即使不开鼓风机，车辆行驶中仍然有气流吸入到车内，补充车内的新鲜空气。内循环状态则是关闭了车内外的气流通道，不开鼓风机就没有气流循环。

四、空气分配模式

混合气出风模式的机械操作装置由模式选择旋钮、拉索、传动机构和模式风门组成，出风模式的选择通过操纵模式选择旋钮，使拉索拉动风门传动机构，带动模式风门转到相应的位置。混合气的出风模式有 VENT（通风）、B/L（双位）、脚部、除霜+脚部、除霜，下面一一讲解。

（1）通风　如图 8-6 所示，当进气门设置在 FRESH（新鲜）位置，模式控制杆位于 VENT（通风）位置时，新鲜的车外空气从中央和侧面通风口吹出（吹向人的面部）。在炎热天气中使用空调时，进气门应该设置在 REC（再循环）位置，以增加空调的冷却效率。通过改变温度控制杆的位置，可以控制出风口空气温度。

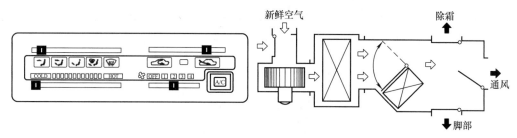

图 8-6 面部通风示意图

（2）B/L（双位） 如图 8-7 所示，当模式控制杆设置在 B/L 位置时，中央和侧面通风装置出风口送出新鲜冷风，而脚部出风口送出暖风。

如果温度控制杆设置在 COLD（冷）位置，冷风吹向脚部。如果温度控制杆设置在 HOT（热）位置，中央和侧面出风口送出暖风。

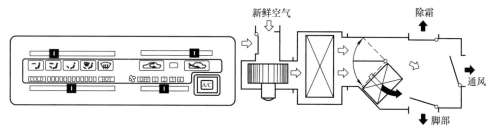

图 8-7 双位（通风+脚部）送风示意图

（3）脚部 如图 8-8 所示，当空气干燥和车窗不易结雾时，该位置可用于加热目的。通过温度控制杆，可以控制脚部出风口空气温度。进气杆可设置在 REC（再循环）位置，以增大加热效率，但是该 REC（再循环）位置不应长时间使用，这是因为车窗玻璃会结雾。

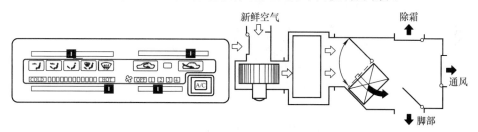

图 8-8 脚部通风示意图

（4）除霜/脚部 如图 8-9 所示，该位置用于冬季天气寒冷时加热乘客舱。此时，温度控制风门处于最热的位置，即气流全部通过加热器芯进行加热。在加热脚部的同时，一部分空气被输送到除霜器，所以前部和侧面车窗不易结雾。

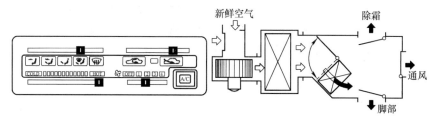

图 8-9 除霜/脚部通风示意图

(5)除霜 如图 8-10 所示,当前部和侧面车窗结雾或结霜时,应使用该位置的通风模式。这时,进气杆必须设置在 FRESH(新鲜)位置;如果设置在 REC(再循环)位置,车窗将起雾。

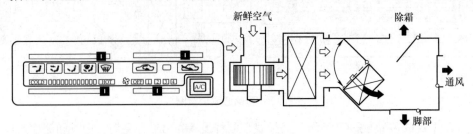

图 8-10 除霜模式示意图

五、空气分配导管

空气分配导管是指把鼓风机吹出的空气在车辆内分配并将其输送到出风口的所有部件,所有空气道的末端都装有格栅,这就是我们在仪表板上能见到的出风口了。空气分配导管在车上的布置方式如图 8-11 所示。

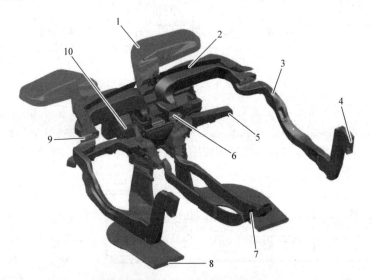

图 8-11 空气分配导管布置方式

1—进气装置/滤清器壳 2—连接到风窗玻璃除霜的空气道 3—通风管道
4—B柱通风 5—前脚部空间送风管道 6—连接到组合仪表通风出口上的空气道
7—后座区通风 8—后座区热风管道 9—连接到侧窗玻璃的空气管道 10—空调器

空气在车辆内的分配是通过前面所讲的混合气出风模式控制装置来完成的,接着这些被分配的空气通过连接在空调单元上的导管分配至各出风口。出风口分为仪表板上的出风口和汽车后部的出风口,这些出风口在车上非常明显。出风口包括中央通风、侧通风、前风窗玻璃除霜、侧窗除霜、前脚部、后脚部、后中央出风口,有的豪华车还配有 B 柱通风口或更多更舒适的通风出风口。因此,通风出风口的位置决定了所需的空气分配导管数量、安装方式及安装位置。

六、空调排气装置

车内空气的循环方式有内循环和外循环。为了形成对流,空调通风系统还设置了排气装置,即把进入车内循环的空气排出去,使车内空气和水分不至于密闭在乘客舱内。这个排气装置称为通风出口，一般安装在汽车后部，所以又称后部通风口。如图 8-12 所示，通风出口位于车辆左后侧，由通风出口阀门和保护盖组成。通风出口阀门是一个仅允许车内空气流向车外的单向阀，并且由一个保护盖罩住。

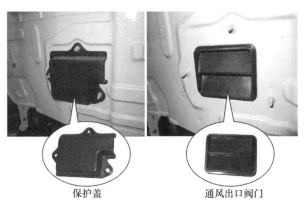

图 8-12　空调排气装置

一、空调滤清器的更换

1. 活动式杂物箱处空调滤清器的更换方法

空调滤芯（花粉过滤器）可以通过取下杂物箱进行更换。对于常见的活动式杂物箱，步骤相对简单，如起亚 K5 空调空气滤清器的更换方法如下：

1）从杂物箱 A 上分离缓冲块 B，拆卸杂物箱升降装置 C，如图 8-13 所示。

2）按住按钮，拆卸滤清器盖，如图 8-14 所示。

3）如图 8-15 所示，拉出空调滤清器，然后更换，确认空调滤清器的方向后进行安装。

提示：如果在空气污染地区或者崎岖道路上行驶，要经常检查和更换空气滤清器。

4）按与拆卸的相反顺序进行安装。

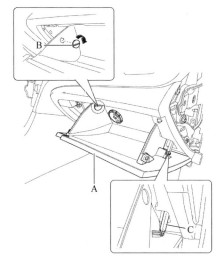

图 8-13　拆卸杂物箱

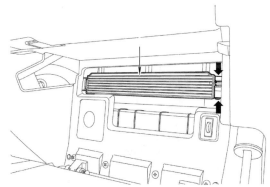

图 8-14　拆卸滤清器盖

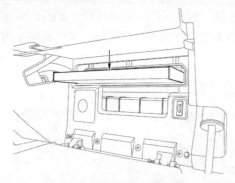

图 8-15　拉出空调滤清器

2. 固定式杂物箱处空调滤清器的更换方法

有的车辆（如铃木奥拓）采用的是固定式杂物箱，这种杂物箱由盖板和封闭罩构成。这种车型的空调滤清器的更换方法如下：

1）先拆掉盖板，如图 8-16 所示。盖板由塑料盖、一个塑料卡子和三颗螺钉固定于仪表台。

① 拆除杂物箱底部两颗螺钉。
② 拆除杂物箱侧边塑料盖。
③ 拆除杂物箱侧边螺钉。
④ 拆除杂物箱内部塑料卡子。
⑤ 从仪表台下部拆下杂物箱。

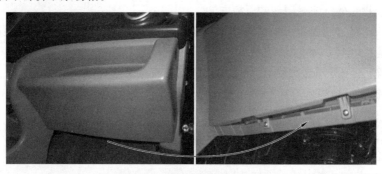

图 8-16　拆掉杂物箱外侧盖板

2）拆除图 8-17 所示的封闭罩以露出鼓风机单元。封闭罩由塑料卡子固定在仪表台上，拆除杂物箱封闭罩最好从仪表台侧往杂物箱侧推，不要直接拉拽杂物箱封闭罩，否则封闭罩上的卡子可能会弯曲或损坏。拆封闭罩的时候稍往上提可以防止损坏卡子。

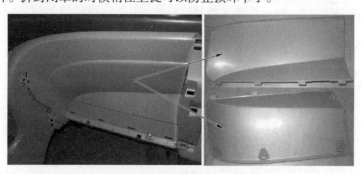

图 8-17　拆除杂物箱内侧封闭罩

3）如图8-18所示，拆下空调滤清器盖，拉出空调滤芯，然后换上新的空调滤芯。

> **特别提示**
>
> 空调滤清器盖上有一个"UP"（向上）的箭头表示正确的安装方向。

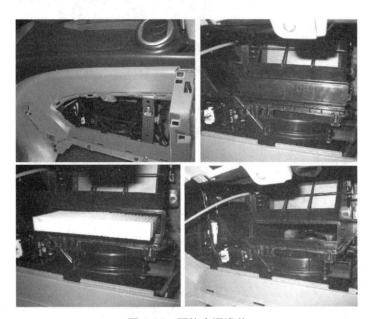

图8-18　更换空调滤芯

二、鼓风机的更换

更换可修理鼓风机时，一般不需要拆下鼓风机单元即可更换鼓风机电动机。

1）拔下鼓风机、继电器和电动机调速模块的电气插头，如图8-19所示。

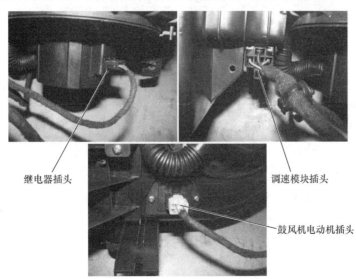

图8-19　拔下鼓风机上的电气插头

2）拔下鼓风机冷却风套管（如果有此套管），如图8-20所示。

图8-20　拔下套管

3）如图8-21所示，摁下锁扣，顺时针旋转鼓风机就可以抽出鼓风机了。如果鼓风机是用螺钉固定的，则拧松各个螺钉。

图8-21　旋出鼓风机

4）换上新的鼓风机后，按照与拆卸相反的顺序进行安装。

 你学会了吗？

1. 空调送风系统由哪些部分组成，它是怎样发挥配气送风作用的？
2. 空调滤清器起什么作用，它通常安装在哪里？
3. 空调系统的进气方式有哪两种，进气装置是如何控制进气方式的？
4. 空调的空气分配模式通常有哪些？
5. 空气分配导管起什么作用，空调系统最后是通过哪些出风口送气的？
6. 空调滤清器和鼓风机的一般更换方法是怎样的？

第9天　空调单元总成

1. 了解空调单元总成的安装位置、作用和部件组成。
2. 学习汽车空调单元总成的拆卸方法。

　　汽车空调的压缩机、冷凝器、制冷管路等制冷循环部件通常位于发动机舱中，而空调单元总成（加热器和冷却单元总成）则安装在驾驶室内，隐藏于仪表板下面，用螺栓/螺钉固定在仪表台横梁或前围板上。马自达汽车空调单元总成的安装位置如图9-1所示，铃木奥拓空调单元总成的安装位置如图9-2所示。

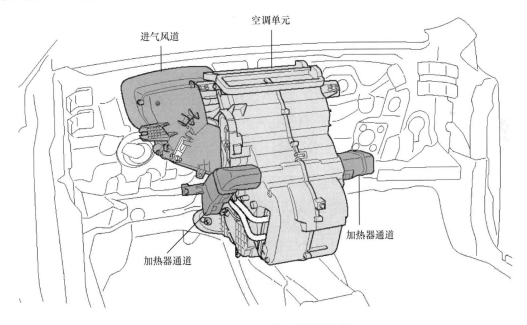

图9-1　马自达汽车空调单元位置

　　空调单元总成主要集成了制冷、制热和送风这三大功能，空调系统的滤清器、加热器芯、蒸发器、进气模式风门、温度控制风门和送风模式风门等都分布在空调单元上。在自动空调系统中，还有驱动风门的电控伺服执行器、调节鼓风机转速的功率放大器等电气部件。马自达2自动空调单元的布置如图9-3所示，该空调系统的鼓风机单元与空气分配单元都在一侧，是一体的。而大部分车辆的鼓风机单元和进气部件是布置在另一侧的，然后再与空气分配单元连接成一体，可以单独拆卸和安装。

图 9-2 铃木奥拓空调单元位置

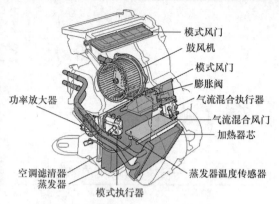
图 9-3 空调单元部件的布置示意图

空调系统总是通过鼓风机吸入新鲜空气,然后在空调单元内流通、分配。为了清楚地表现空调单元所起的作用,我们用图 9-4 所示气流混合风门的运作来进行说明。

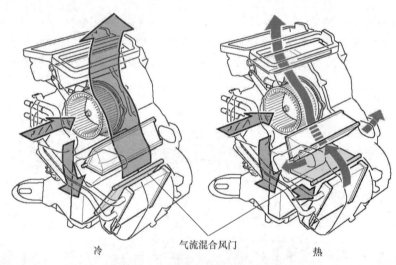
图 9-4 空调单元运作原理示意图

图中,鼓风机吹出的空气由气流混合风门导向,决定气流是否经过加热器芯。如果气流被导向只吹过制冷循环系统的蒸发器,则空调系统吹出冷风;如果气流通过加热器芯,则空气被加热,空调系统吹出的是热风(暖气)。

一、本田飞度轿车空调单元的拆卸

1)使用制冷剂回收/加注设备回收制冷剂和冷冻油。

2)断开蓄电池负极端子。

3)从蒸发器芯上断开吸液和储液器管路(制冷剂管路)。

4)发动机冷机时,将发动机冷却液从散热器中排出(这些冷却液与加热器芯相通)。

5)如图 9-5 所示,滑回软管卡夹 A,然后将加热器进口软管 B 和加热器出口软管 C 从加热器芯上断开。断开软管时,发动机冷却液流出,将冷却液排到一个干净的集油盘中。确保不要让冷却液溅到电子零部件或油漆表面上。如果有冷却液溅到上面，应立即冲洗掉。

6）拆下汽车仪表板。

7）从鼓风机电阻、蒸发器温度传感器和鼓风机电动机上断开插接器。拆下安装螺栓、安装螺母，取下空调单元总成，如图9-6所示。

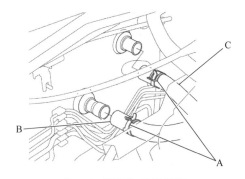

图9-5　断开加热器软管

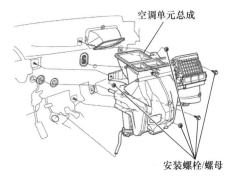

图9-6　取下空调单元总成

8）若要拆下鼓风机单元，则从卡扣A上拆下插接器，拆下自攻丝螺钉B，然后从加热器单元D上拆下鼓风机单元C，如图9-7所示。

二、空调模块总成的拆卸（双龙）

1）断开蓄电池负极导线并拆卸仪表板。

2）回收并处理空调制冷剂。

3）断开暖风软管并从空调上拆卸高压管和低压管，如图9-8所示。

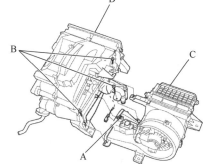

图9-7　拆下鼓风机单元

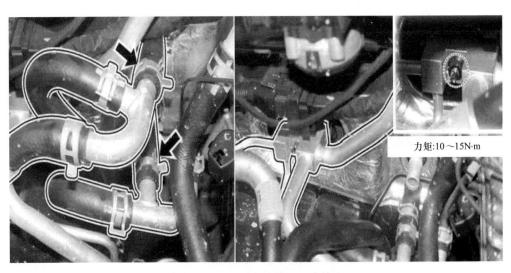

图9-8　断开暖风软管和制冷管路

4）分离空调模块插接器（箭头），拧下固定螺钉并拆卸鼓风机单元总成，如图9-9所示。

图 9-9 拆下鼓风机单元

5）分离搭铁导线，拧下固定螺钉并拆下暖风单元总成，如图 9-10 所示。

图 9-10 拆下暖风单元总成

你学会了吗？

1. 空调单元总成位于汽车的哪个地方？通常是怎样固定的？
2. 空调单元总成主要有哪些功能？集成了哪些部件？
3. 空调单元是如何发挥作用的？
4. 空调单元总成的一般拆卸方法是怎样的？

第 10 天　新能源汽车空调系统

1. 了解新能源汽车空调系统和传统燃油汽车的区别。
2. 了解新能源汽车空调制冷系统的组成和工作原理。
3. 了解新能源汽车空调暖风（制热）系统的组成和工作原理。

一、新能源汽车空调系统的组成

新能源汽车的空调系统除了制冷系统使用电动空调压缩机，暖风系统采用 PTC 电加热器外，其他部件与传统车辆基本一致。新能源汽车空调系统的组成如图 10-1 所示。

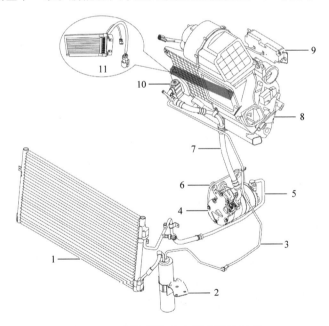

图 10-1　新能源汽车空调系统的组成

1—冷凝器　2—储液罐及支架总成　3—冷凝器到蒸发器连接管　4—电动压缩机　5—压缩机排气管
6—压缩机支架　7—压缩机吸气管　8—前空调总成　9—前空调控制面板　10—膨胀阀　11—PTC加热器

纯电动汽车的暖风系统采用 PTC 大功率用电器，冷却液在 PTC 加热器中加热后，由暖风水管流入空调暖风水箱中，通过鼓风机使车舱内冷空气与暖风水箱进行热交换，之后热风从风道进入乘客舱，从而起到采暖、除霜、除雾的作用。

混合动力汽车则根据车辆的使用工况和用户需求，自动选择发动机或者 PTC 供暖。PTC 加热器通过发热原件将水加热，将电能转化为热能。

> **特别提示**
>
> 电动空调压缩机、PTC 电加热器为新能源汽车的耗电部件，会消耗动力电池电能，长期开启会影响纯电行驶里程。

二、电动空调压缩机

新能源汽车的空调制冷系统如图 10-2 所示。新能源汽车通过高压电驱动电动压缩机，使制冷剂在制冷管路中循环。电动压缩机吸入蒸发器出来的低温低压气态制冷剂，经压缩后成为高温高压气态制冷剂，通过高压软管送入冷凝器进行冷却。

高压配电盒为电动压缩机、电加热器进行电源分配，整车控制器通过接收空调控制器开启请求，同时根据高压电池功率判断是否开启电动压缩机以及控制电动压缩机的转速。

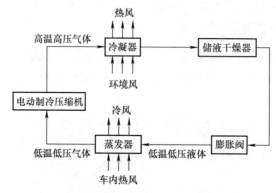

图 10-2 新能源汽车的空调制冷系统

如图 10-3 所示，带电动机的压缩机总成由一对螺旋绕组固定卷轴和旋转卷轴、喷射块、无刷电动机、机油分离器、电动机轴和空调逆变器组成。固定卷轴与外壳集成为一体。因为轴的旋转使旋转卷轴转动，所以由这对卷轴隔开的空间发生变化以执行制冷剂气体的吸入、压缩和排放。此压缩机内置有机油分离器，可分离与制冷剂混合在一起的压缩机机油，从而降低了机油消耗率。

电动涡旋式空调压缩机的工作原理如图 10-4 所示。

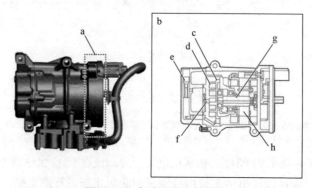

图 10-3 电动压缩机的结构

a—空调逆变器部分 b—带电动机的压缩机总成横截面 c—旋转卷轴
d—固定卷轴 e—机油分离器 f—排放端口 g—电动机轴 h—无刷电动机

吸入：由旋转卷轴和固定卷轴产生的压缩室内的容积随旋转卷轴的旋转而增大，从而从进气口吸入制冷剂气体。

压缩：从吸气过程完成时起，压缩室的容积随旋转卷轴的进一步旋转而逐渐缩小。因此，吸入的制冷剂气体逐渐压缩并发送至固定卷轴中央。旋转卷轴旋转约2周时，制冷剂气体的压缩完成。

排放：制冷剂气体的压缩操作完成且制冷剂压力变高时，推动排放阀以将制冷剂气体从位于固定卷轴中央的排放端口排出。

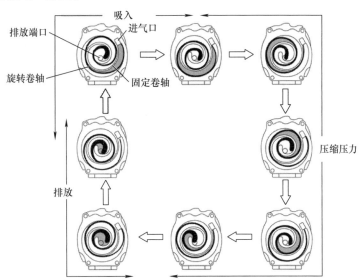

图 10-4　涡旋式空调压缩机的工作原理

三、空调暖风（制热）系统

如图 10-5 所示，广汽丰田纯电动汽车的制热系统由鼓风机、电加热器（PTC）、加热器水泵、加热器芯体等组成。

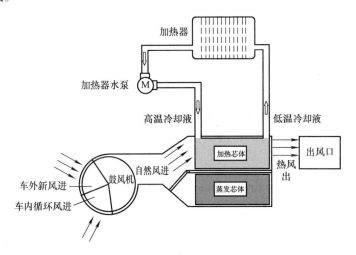

图 10-5　广汽丰田纯电动汽车的制热系统

当自动空调系统处于加热模式时，加热器在高压电的作用下对冷却液进行加热，高温冷却液被加热器水泵抽入加热器芯。同时,冷暖温度控制电动机将温度控制装置转至采暖位置,部分或全部气流在鼓风机的作用下旁通至加热器芯,产生热量传递。任何不用加热的空气,将在进入乘客舱前与加热后的空气混合,获得充分混合且温度适宜的空气。

长城 C30EV 纯电动汽车的暖风系统如图 10-6 所示。冷却液通过空调电子水泵进入高压电加热器加热,高温液体经过空调暖风芯体散热,然后回到空调电子水泵进行下一个循环。冷空气在空调鼓风机的作用下,通过冷凝芯体吸收其热量变为暖风,向车内供暖。

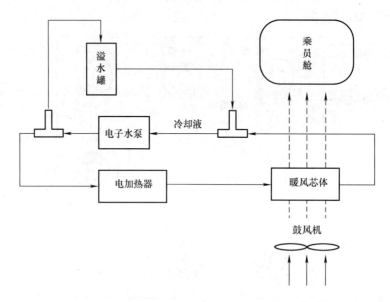

图 10-6　长城 C30EV 纯电动汽车的暖风系统

你学会了吗?

1. 新能源汽车的空调系统和传统燃油汽车有什么区别?
2. 电动空调压缩机的结构和工作原理是怎样的?
3. 新能源汽车空调暖风系统的采暖来源有哪些?
4. 纯电动汽车暖风系统的工作原理是怎样的?

第 11 天　新能源汽车空调系统的检修

学习目标

1. 了解新能源汽车空调系统电路。
2. 掌握电动空调压缩机不工作的检修方法。
3. 掌握电动压缩机、电加热器和电子水泵的更换方法。

一、电动空调压缩机不工作的检修

江铃特顺 EV 新能源汽车的空调系统电路如图 11-1 所示。

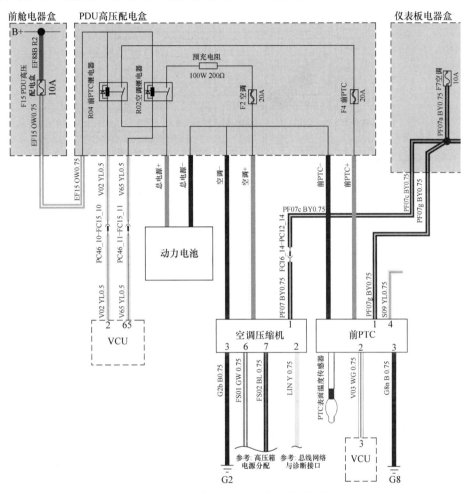

图 11-1　江铃特顺 EV 空调系统电路图

江铃特顺 EV 新能源汽车空调压缩机不工作的检修方法如下：

1）查看组合仪表 SOC（电量）是否低于 30%，若低于 30% 则对车辆充电。

2）检查空调压缩机线束插头连接情况。

3）连接车辆诊断仪读取空调系统故障码，如有故障码则根据故障信息排查故障。

4）如图 11-2 所示，检查仪表电器盒中的空调压缩机供电熔丝 F07（10A）是否正常，如熔断则检查熔断原因，并更换相同规格熔丝。

5）检查空调系统制冷剂压力是否正常，否则检修管路是否堵塞、泄漏或压缩机、膨胀阀损坏故障，并重新加注制冷剂。

6）检查空调压力传感器。拔掉空调压力传感器的插件并重新装好，开启空调制冷功能，看空调压缩机是否运转工作。

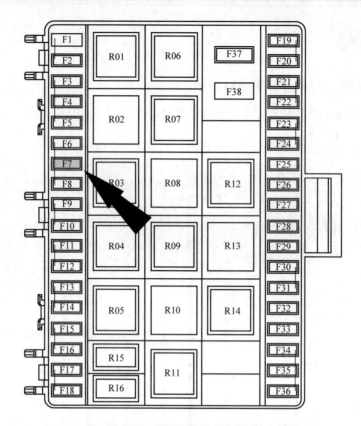

图 11-2　空调压缩机供电熔丝

7）检查空调压缩机高压供电，如图 11-3 所示。开启空调制冷功能，测量空调压缩机高压供电插头端子之间的电压（约为 360V）是否正常。否则，检查空调高压线路的连接及高压箱开盖后内部的 AC 熔丝是否熔断。

> **注　意**
>
> 在测量高压供电前，需穿戴好绝缘护具（绝缘帽、绝缘手套、绝缘鞋等），以确保操作安全。

8）检查空调压缩机低压电源与接地，如图 11-4 所示。
① 连接压缩机高压插头。
② 断开空调压缩机低压控制插头。
③ 开启空调功能后，测量低压插头 1 号与 3 号端子之间的电压，应为 12V。

9）检查空调压缩机控制线路（LIN 线），如图 11-5 所示。
① 分别断开压缩机低压插头、BCM 线束插头。
② 测量 BCM 插头 4 号端子与空调压缩机低压插头 2 号端子之间的导通性，电阻值应小于 5Ω。否则，维修线路断路或接触不良故障。

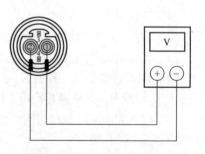

图 11-3　检查空调压缩机高压供电

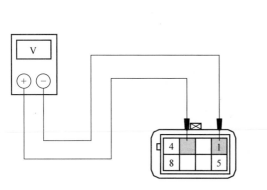

图 11-4 检查空调压缩机低压电源与接地

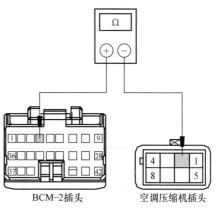

图 11-5 检查空调压缩机控制线路

10）检查空调控制面板电源与接地，如图 11-6 所示。

① 拆卸空调控制面板。
② 打开点火开关。
③ 测量空调控制面板插头 2 号与 5 号端子之间的电压，应为 12V。

11）检查空调控制面板。更换空调控制面板，测试系统是否恢复正常。如正常则是空调控制面板的问题，否则更换空调压缩机总成进行测试。

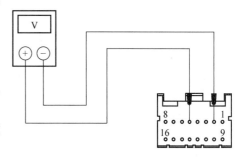

图 11-6 检查空调控制面板电源与接地

二、电动压缩机的更换

1）关闭点火开关。
2）断开低压蓄电池负极和正极。
3）断开手动维修开关。
4）回收制冷系统中的制冷剂。
5）如图 11-7 所示，拆卸空调管与膨胀阀连接的固定螺母，断开连接的管路。
6）拆卸压缩机吸气管支架的 1 个固定螺栓，如图 11-8 所示。

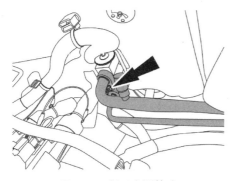

图 11-7 断开空调管路

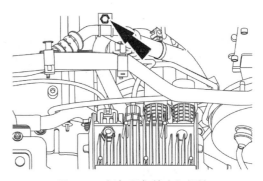

图 11-8 拆卸吸气管支架螺栓

7）拆卸电动空调压缩机上的压缩机吸气管。
8）取下空调压缩机吸气管，如图 11-9 所示。

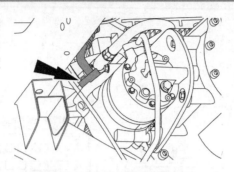

图 11-9 取下压缩机吸气管

9)按与拆卸相反的顺序安装空调压缩机。

三、电加热器的更换（长城 C30EV）

1)关闭点火开关。
2)断开低压蓄电池负极和正极。
3)拆卸车载充电机。
4)拆卸高压配电盒。
5)断开冷却液进、出水管。
6)断开高压配电盒与电加热器线束接插件。
7)断开电加热器与机舱横梁车身搭铁。
8)拆下 4 个螺栓，取下电加热器，如图 11-10 所示。
9)按与拆卸相反的顺序安装电加热器。

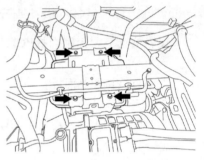

图 11-10 取下电加热器

四、电子水泵的更换（长城 C30EV）

1)关闭点火开关。
2)断开低压蓄电池负极和正极。
3)断开手动维修开关。
4)拆卸车载充电机。
5)拆卸高压配电盒。
6)拆下与电子水泵连接的两根暖风水管。
7)断开电子水泵线束接插件。
8)拆下 1 个螺栓，取下电子水泵总成及支架，如图 11-11 所示。
9)拆下电子水泵固定挡片，分离电子水泵总成与支架，如图 11-12 所示。

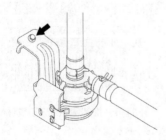

图 11-11 取下电子水泵总成及支架

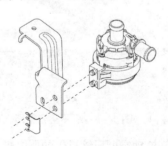

图 11-12 分离电子水泵总成与支架

10）按与拆卸相反的顺序安装电子水泵总成。

你学会了吗？

1. 电动空调压缩机不工作的检修步骤是怎样的？
2. 更换电动空调压缩机、电加热器是否需要切断高压电？
3. 怎样更换电动压缩机、电加热器和电子水泵？

第 12 天　手动空调控制系统

1. 了解手动空调控制系统主要电气元件的作用和工作原理。
2. 了解鼓风机控制电路的工作原理和控制方式。
3. 了解空调散热风扇电路的组成、控制原理和控制方式。
4. 掌握压缩机离合器的控制原理与控制方法。
5. 掌握手动空调控制系统中重要电气部件的检修方法。

手动空调系统需要驾驶人手动地开启空调系统，设定空调的进气方式、出风温度和送风模式。手动空调控制系统由 A/C 开关、蒸发器温度传感器、制冷剂压力开关、压缩机热保护开关、发动机转速稳定装置、鼓风机控制电路、压缩机离合器控制电路和散热风扇控制电路等组成。

一、A/C 开关

A/C 开关用来开启或关闭空调。按下 A/C 开关时，12V 电压信号或接地信号通过空调压力开关发送至发动机 ECU 或空调控制器，在条件满足时，发动机 ECU 或空调控制器接通压缩机工作电路。

二、蒸发器温度传感器与恒温控制器

（1）蒸发器温度传感器　如图 12-1 所示，蒸发器温度传感器位于空调单元中蒸发器芯体的出口侧，传感器探头安装在蒸发器箱体上，导线穿过箱体。它的塑料部分呈锯齿状，可牢固地安装在翅片上。

蒸发器温度传感器是 NTC（负温度系数）型传感器，其作用是提供蒸发器排气口温度的输入给空调控制器。当蒸发器出口温度大于 3℃时制冷系统可以继续运行，当蒸发器出口温度下降到 1~2℃时，自动关掉空调，防止蒸发器结霜。现代汽车的手动空调系统通常采用蒸发器温度传感器来调节蒸发器出口温度。

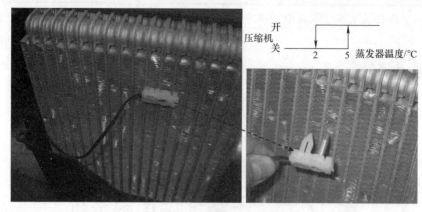

图 12-1 蒸发器温度传感器

（2）恒温控制器 空调开关由驾驶人控制，来自空调开关的电流在流到空调离合器前要先通过恒温控制器。如图 12-2 所示，恒温控制器有一根较长的毛细管，里面含有制冷剂，毛细管会因温度变化而膨胀或者收缩，使开关内部的触点断开或接通。如果蒸发器温度不是太低，没有结冰的危险，恒温控制器便接通，允许电流通过至空调压缩机离合器，使离合器接合，压缩机工作。当蒸发器变冷时，恒温控制器不让电流通过，使空调离合器断电。恒温控制器一般用于膨胀阀式空调系统。

三、制冷剂压力开关

制冷剂压力开关又称空调压力开关，是手动空调控制电路中的重要元件。如图 12-3 所示，空调压力开关安装在制冷循环管路的高压侧，有的是安装在储液干燥器上，有的是安装在高压管路中。

图 12-2 恒温控制器结构示意图

空调压力开关是一个压力保护开关，车上常用的是三态压力开关，由高低压开关和一个中压开关组成。三态压力开关的插口处引出四根线，连接电路如图 12-4 所示。

图 12-3 制冷剂压力开关的安装位置

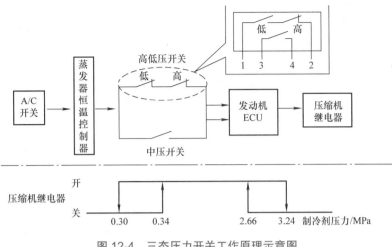

图 12-4 三态压力开关工作原理示意图

（1）高低压开关　高低压开关监测制冷系统高压侧与低压侧的制冷剂压力。高压侧泄压开关和泄压阀可以防止系统高压侧过压导致空调部件爆裂；低压侧压力开关可在系统缺少制冷剂时阻止系统运行。空调系统中的润滑油随制冷剂流动，如果制冷剂压力过低，可能导致润滑油不能循环，造成系统损坏。高低压侧压力开关均为常闭开关，与 A/C 开关串联，当压力过高或过低时，开关断开切断空调请求信号，从而阻止压缩机工作，保护空调系统。

（2）中压开关　中压开关是常开开关。当制冷剂压力上升，使中压开关闭合时，信号输出至发动机 ECU，控制散热器风扇和冷凝器风扇高速运转，增加冷却效果，降低高压管路压力，防止系统压力继续上升。如制冷剂压力为 1770kPa 时，冷凝器风扇将高速运转。

四、压缩机热保护开关

如图 12-5 所示，热保护开关一般位于压缩机的底座上，这个保护开关用于保护压缩机免受内部摩擦的损坏。热保护开关检测压缩机壳体的温度，一旦壳体温度达到预设的数值，压缩机离合器电路就会被切断。由于热保护开关是和压缩机离合器串联的，所以一旦压缩机壳体温度低于预设的数值，压缩机就会再次得到供电。

一般来说，当压缩机外壳的温度异常高时（达到 150℃），热保护开关断开，压缩机停止工作；当压缩机外壳的温度降至 130℃时，热保护开关闭合，压缩机又开始工作。

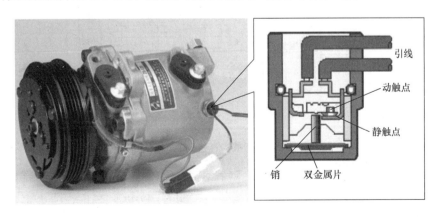

图 12-5　压缩机热保护开关的结构

五、发动机转速（功率保护）控制装置

对于非独立式汽车空调来说，其压缩机的动力来自汽车发动机。这样，在某些汽车行驶工况下使空调运转时，会影响发动机运转的稳定性。因此，在汽车空调系统中，为了保证发动机的正常运转，防止发动机出现熄火、过热等异常现象，必须设置发动机功率保护装置。在发动机怠速时起动空调系统，由于发动机负荷增加，发动机 ECU 将提高发动机的空转速度，以保持发动机怠速稳定。

发动机的转速传感器向发动机 ECU 发送转速信号。当发动机的转速较高或较低时，ECU 将停止运行空调压缩机，以保护空调系统。

（1）怠速电动机提升装置　怠速电动机提升装置是由电控燃油喷射系统（EFI）的控制单元控制的。如图 12-6 所示，怠速电动机与节气门电动机一起装在节气门体上，节气门电动机用于控制发动机正常运行工况的进气量，而怠速电动机用于控制怠速工况时旁通通道的进气量。

图 12-6　怠速电动机提升装置

旁通式怠速控制装置的结构如图 12-7 所示。怠速电动机提升装置使用步进电动机精确控制怠速空气量，由发动机控制单元给电动机线圈通电，打开或关闭怠速通道，通过控制节流阀体旁通空气的流量控制怠速转速。当发动机 ECU 收到空调请求信号时，立即向怠速电动机输出指令，打开旁通阀，使发动机转速提高至 1000r/min 左右。

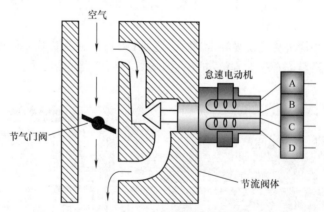

图 12-7　旁通式怠速控制装置的结构

（2）电子节气门怠速提升装置　电子节气门总成由节气门、节气门电动机（直流电动机）和节气门位置传感器等构成。电子节气门总成是电子节气门控制系统（ETC）的一个关键部件，它一方面执行来自电子控制器的指令，调节节气门开度以控制进气量，同时可以输出反映节气门位置的信号，供系统监控节气门的实际开度。某车型电子节气门总成及电路如图 12-8 所示。

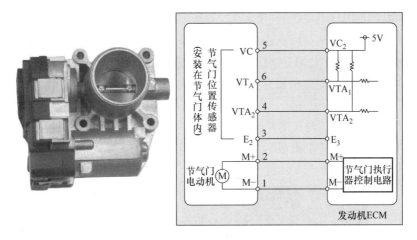

图 12-8 电子节气门总成及电路连接图

控制单元通过调节脉宽调制信号的占空比来控制节气门电动机转角的大小,电动机输出转矩和脉宽调制信号的占空比成正比。当占空比一定,电动机输出转矩与回位弹簧阻力矩保持平衡时,节气门开度不变;当占空比增大时,电动机驱动力矩克服回位弹簧阻力矩,节气门开度增大。

如图 12-9 所示,当发动机 ECM 接收到空调开启请求信号时,根据当前条件计算是否可以开启空调系统,再决定是否提高发动机转速。当条件满足时,发动机 ECM 对节气门电动机发出指令,使节气门阀打开一定角度,增加发动机进气量,直至发动机怠速转速达到设定值。

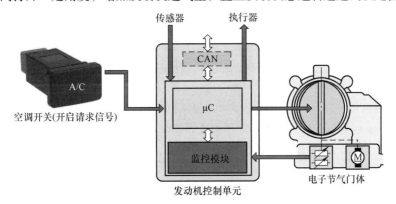

图 12-9 电子节气门怠速提升控制原理

(3) 加速切断装置 汽车在急加速或超车时,发动机需要输出最大功率,如果开启空调,会消耗发动机功率,降低汽车的加速性能,同时会使压缩机超速损坏。加速切断装置的作用是在汽车加速或超车时暂时切断压缩机离合器电路,提高汽车的加速性能,同时保护压缩机。加速切断装置有机械式、真空式和 ECU 控制式三种形式。

1) 机械式加速切断装置:机械开关由加速踏板通过连杆或钢索来控制,当加速踏板踩到其行程的 90% 时,开关断开,压缩机离合器电路断开。

2) 真空式加速切断装置:由发动机进气歧管真空度控制,当汽车匀速或稍加速行驶时,进气歧管真空度较小,开关闭合,空调正常工作;当汽车急加速或怠速行驶时,进气歧管真空度较大,开关断开,空调停止工作。

3) ECU 控制式加速切断装置:发动机 ECU 根据节气门位置传感器和曲轴位置传感器信号感知急加速状态时,发动机 ECU 控制断开压缩机离合器电路几秒钟,以实现加速切断控制。

六、鼓风机控制电路

要使车内有一个舒适的小气候环境,除了要控制送风温度外,还应根据环境变化和乘员的不同需求,控制鼓风机的转速,以控制送风速度。鼓风机转速的控制方式有以下三种形式。

(1)鼓风机开关和调速电阻控制方式 轿车的手动空调系统常采用鼓风机开关和调速电阻来调节鼓风机的转速。如图 12-10 所示,调速电阻一般装在空调蒸发器组件上,利用气流进行冷却;鼓风机开关一般装在操作面板内,设置不同档位,供调速用。鼓风机开关可控制鼓风机电源正极,也可控制鼓风机搭铁电路。转动鼓风机开关,改变调速电阻接入方式,从而改变鼓风机电路中的电流以调节鼓风机转速。

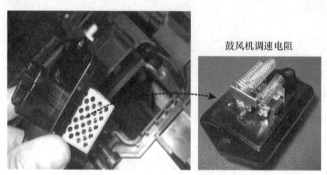

图 12-10 鼓风机调速电阻

鼓风机的控制档位一般有二、三、四、五速四种,最常见的是四速,如图 12-11 所示。在有后空调暖风系统的汽车上,其后鼓风机一般采用二、三速。通过改变鼓风机开关与调速电阻的接通方式,使风机以不同的转速工作。当调速开关处于 1(Ⅰ)位置时,至鼓风机电动机的电流须经过三个电阻,由于经过电动机的电流相对较小,鼓风机以低速运行;调速开关转至 2(Ⅱ)位置时,至电动机的电流须经过两个电阻,风机按中低速运转;开关调至 3(Ⅲ)位置时,至电动机的电流只经过一个电阻,风机按中高速运转;选定最大档位 4(Ⅳ)时,风机电路不串联任何电阻,电源电压直接加至电动机,风机以最高速度运转。当调速开关在 0(OFF)位时,则停止鼓风机电路的供电。

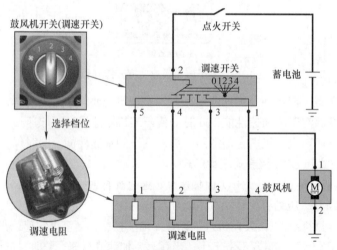

图 12-11 鼓风机控制电路

本田飞度轿车的鼓风机控制电路如图 12-12 所示,它是以控制电动机搭铁的方式来调节鼓风机转速的。

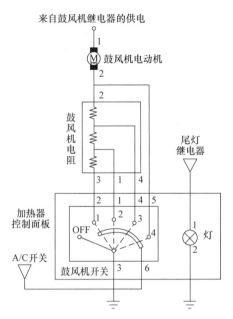

图 12-12 搭铁控制的鼓风机调速电路

（2）**晶体管与调速电阻组合控制方式** 该控制方式分为自动模式和人工模式两种。如图 12-13 所示，当鼓风机开关置于 AUTO 档时，鼓风机的转速由空调 ECU 根据车内温度传感器、车外温度传感器和其他传感器的信号通过晶体管进行控制。当鼓风机开关离开 AUTO 档，按人工模式调节鼓风机开关时，鼓风机的转速由鼓风机开关和调速电阻进行控制。

（3）**晶体管控制方式** 现代的中高档轿车，为实现风速的自动控制，风机的转速一般由电控模块通过大功率晶体管控制。其控制电路原理如图 12-14 所示。

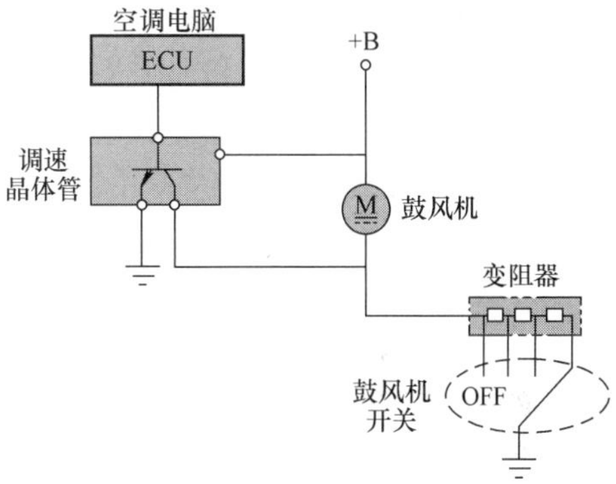

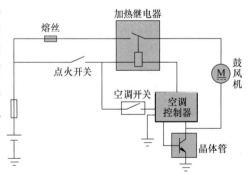

图 12-13 晶体管与调速电阻组合控制式电路

功率组件控制风机的运转，它把来自程序机构的风机驱动信号放大，放大器的输出信号根据车内情况，按照指令提供不同的风机转速。如果车内温度比所选定的温度高很多，在空调工作状态下，风机将高速运转；而当车内温度降低时，风机速度又降为低速。反之，如果车内温度比所选定的温度低得多，在加热状态下，风机将被起动为高速；而当车内温度上升后，风机速度降为低速。

七、散热风扇控制电路

图 12-14 晶体管控制式鼓风机电路

汽车的散热风扇包括冷凝器风扇和散热器风扇。散热风扇通常具有高低档，开启散热风扇及变换高低档的依据是发动机冷却液温度、空调工作状态（有没有开空调）、空调制冷管路压力。根据散热风扇的控制方式有开关直接控制式和电控模块控制式，这个电控模块有的是指空调 ECU（空调放大器），有的是指发动机 ECU。

1. 开关直接控制式

开关直接控制式是比较简单且原始的散热风扇控制电路,它是由空调开关、制冷剂压力开关与冷却液温度开关进行控制的。这些开关通常串联在风扇继电器的搭铁电路上,当开关的状态发生改变时,就会接通相应的风扇继电器,使散热风扇运转。

空调开关直接控制的冷凝器风扇电路如图 12-15 所示。接通空调开关时,给压缩机电磁离合器供电,同时也向冷凝器风扇继电器线圈通电,继电器触点闭合,冷凝器风扇运转。

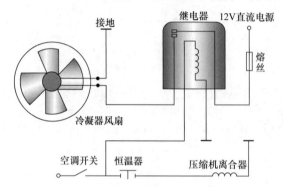

图 12-15 空调开关直接控制的冷凝器风扇电路

目前很多轿车采用制冷剂压力开关(中压开关)和冷却液温度开关组合的方式对冷却风扇进行控制。冷却液温度开关和中压开关处于不同状态,则冷却风扇继电器形成不同组合,从而控制冷却风扇使其不运转、低速运转或高速运转。(以下内容中的控制参数均为示例,各车型略有区别,具体数值可参见相应的维修手册。)

空调不工作时,由发动机冷却液温度开关控制散热风扇:

1)发动机冷却液温度低于 83℃时,冷凝器风扇电动机断电不工作,使发动机尽快暖机。

2)发动机冷却液温度高于 93℃时,冷却液温度开关的状态发生改变,使冷凝器风扇高速运转,以满足发动机冷却系统的散热需要。

空调工作时,由空调压力开关和冷却液温度开关联合控制散热风扇:

1)当发动机冷却液温度低于 83℃时,只要开启空调开关,冷凝器风扇便会低速运转。

2)当空调制冷剂压力升高至 1.67MPa 时,空调中压开关闭合,冷凝器风扇高速运转。

2. 电控模块控制式

现在轿车的散热风扇基本都采用电控模块控制式,空调 ECU、冷却液温度开关和压力开关通过主、辅风扇继电器控制主、辅风扇电动机,使两个散热风扇实现高、低速运转工况。

图 12-16 为典型的大众车系散热风扇控制电路。由图可知,散热风扇分为左右两个,散热风扇内部附加一电阻,因而具有高低档供选择:风扇与电阻串联时为低速档,电流直接通过风扇电动机则为高速档。

空调模块(空调放大器 J293)根据冷却液温度、空调开启信号和压力开关信号控制散热风扇转速。开启空调系统时,空调放大器即控制左、右散热风扇同时低速运转,当制冷剂压力升

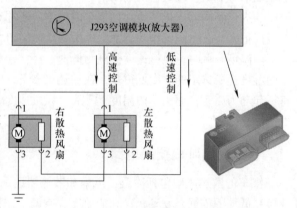

图 12-16 大众车系散热风扇控制电路

高,中压开关闭合时,空调放大器将接通散热风扇高速档,实现快速散热。

有的车辆则采用两个散热风扇并联或串联的方式来实现散热风扇的低、高速运转。图12-17所示为某车型散热风扇电动机低速运转工况电路。当发动机冷却液温度达到95℃或开启空调(发动机ECU收到空调请求信号)时,发动机ECU给3号风扇继电器通电,电流经熔丝→3号继电器触点→冷凝器风扇→2号继电器触点3→2号继电器触点4→散热器风扇→搭铁。冷凝器风扇与散热器风扇串联,以低速散热。

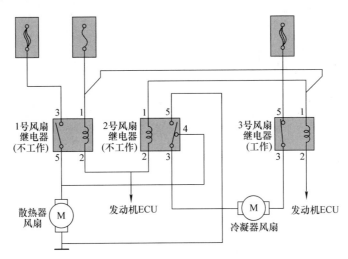

图12-17 散热风扇低速运转原理图

图12-18所示为某车型散热风扇电动机高速运转电路。当发动机冷却液温度达到105℃或制冷管路上的中压开关闭合(如制冷剂压力为1.67MPa,达到预设的制冷剂压力)时,发动机ECU使所有风扇继电器工作,冷凝器风扇与散热器风扇各自独立通电(相当于并联),两散热风扇高速转动。

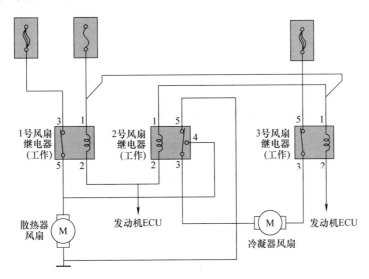

图12-18 散热风扇高速运转原理图

3. 压缩机离合器控制电路

(1)压缩机离合器的工作原理 只有空调压缩机的离合器接合,才能带动压缩机运转,进行制冷循环。如图12-19所示,弹性传动片的轴套安装在压缩机输入轴上,带轮安装在压缩机壳体的轴承上，位于输出轴端。电磁线圈与压缩机壳体永久相连。在弹性传动片和带轮之间有一段间隙A。

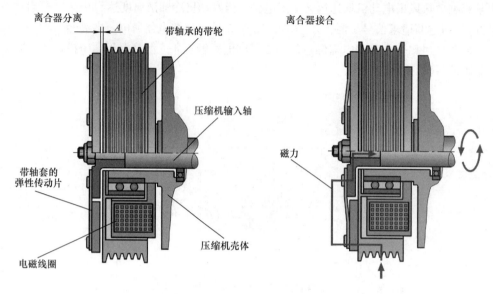

图12-19 压缩机离合器结构图

汽车发动机通过多楔带来驱动带轮。当压缩机停止运行时，带轮自由随动。弹性传动片与压缩机输入轴相连，当离合器线圈通电时，通过带轮产生很强的电磁吸力，使传动片与带轮吸合。压缩机持续运转，直到电磁线圈的电路断开为止。电路断开时，带轮通过弹簧拉回弹性传动片。带轮再次转动，但不驱动压缩机输入轴。

当离合器线圈通以电流时，形成一个具有强磁场的电磁体。只要离合器工作，此磁场就恒定不变。关闭电源时，磁场消失并产生很高的冲击电压。这种冲击电压对ECM具有很大危害，必须避免。置于离合器线圈中的二极管为冲击电压提供了接地的路径。这个二极管经常固定在离合器线圈插接器中，其连接电路如图12-20所示。

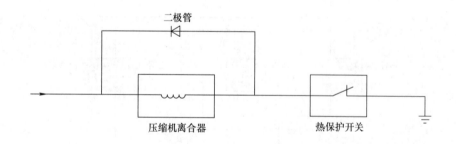

图12-20 二极管保护电路

压缩机离合器的简单控制电路如图12-21所示，由于离合器线圈工作电流较大，故采用继电器用小电流控制大电流。继电器是否工作由压缩机离合器控制元件状态决定，这些元件包括空调开关，压力开关、空调模块和发动机模块等。

（2）压缩机离合器的控制方式 现代汽车的空调系统都是由微处理器（空调控制器、发动机ECU）来起动和停止压缩机离合器的运转，控制压缩机和冷凝风扇。从各个传感器发出的，有关发动机转速、行驶速度、制冷剂温度、A/C 开关开启、压力开关、加速踏板位置以及变速器档位等数字或模拟信号，一直由微处理器来监测。空调控制器或发动机 ECU 根据各种开关和传感器信号控制压缩机的运转。

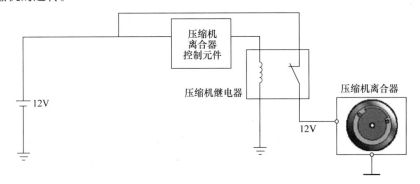

图 12-21　压缩机离合器的简单控制电路

图 12-22 所示为某车型手动空调系统压缩机控制电路图。空调在制冷过程中，如果蒸发器温度过低为了防止蒸发器结霜或液击，系统会控制压缩机间歇运转，当温度回升后压缩机自动恢复工作。该间歇过程通过安装在蒸发器内的热敏电阻将温度信号传给发动机 ECU 后，发动机 ECU 再控制压缩机继电器使压缩机吸合或断开。

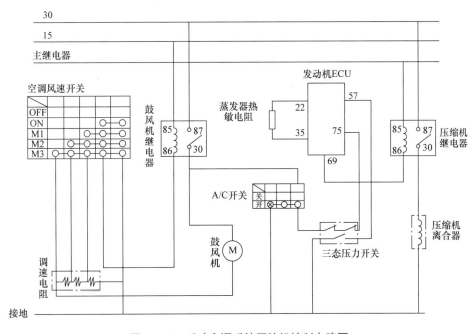

图 12-22　手动空调系统压缩机控制电路图

本田轿车手动空调系统的检修

本田理念轿车手动空调控制系统的电路原理如图 12-23 所示。在该系统中，空调的控制中心为发动机 ECM，压缩机离合器是由 ECM 通过空调压缩机离合器继电器负责接通与切断的，空调冷凝器风扇也是由 ECM 接通的。

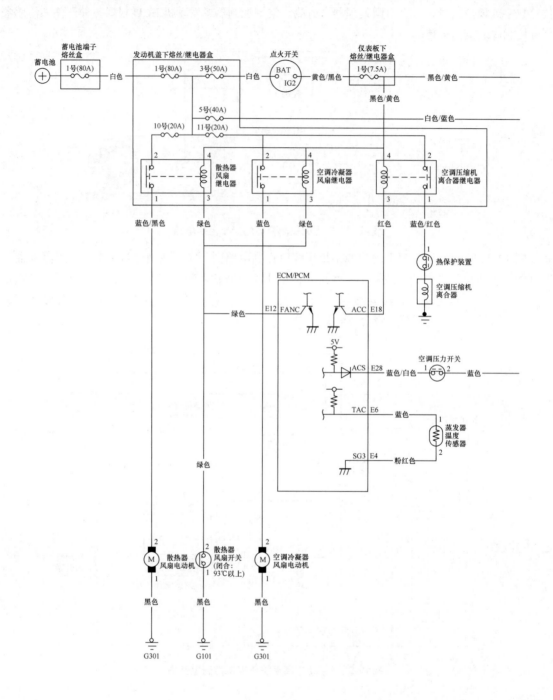

图 12-23　本田理念轿车

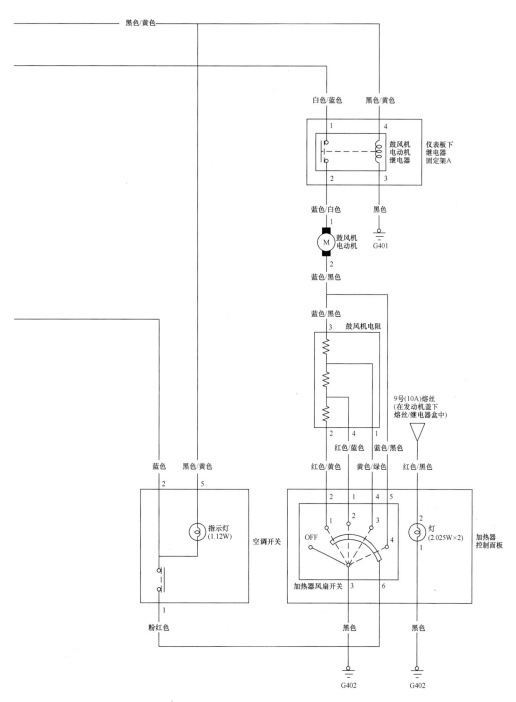

手动空调电路图

（1）加热器风扇开关（鼓风机开关）的测试　如图12-24所示，根据鼓风机开关的各个位置，检查端子之间是否导通。如不导通，则更换鼓风机开关。

端子 位置	1	2	3	4	5	6
OFF						
1		○—	—○			○
2	○—	—○			○	
3			○—	—○—	—○	
4			○—	—○		○

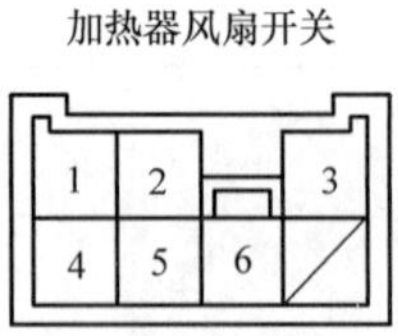

加热器风扇开关

图12-24　鼓风机开关导通性测试

（2）鼓风机电阻的检测

1）如图12-25所示，将鼓风机电阻器的4针插接器A从鼓风机电阻上断开。

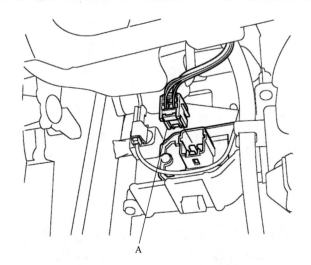

图12-25　断开鼓风机电阻器插接器

2）测量鼓风机电阻端子间的电阻，并与图12-26中的值进行比较。

3）如果阻值不在规定范围内，更换鼓风机电阻。

端子 电阻	1	2	3	4
约0.33Ω	○—	—○		
约1.33Ω			○—	—○
约3.33Ω		○—	—○	

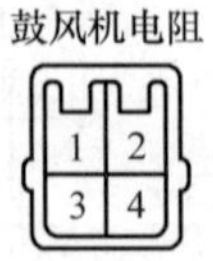

鼓风机电阻

图12-26　鼓风机电阻的测量方法

（3）空调开关的测试

1）首先按如下方法拆下空调开关：①拆下中央面板；②从加热器控制面板拉出空调开关，如图12-27所示。

2）根据图 12-28 中每个开关的位置，检查端子之间是否导通。

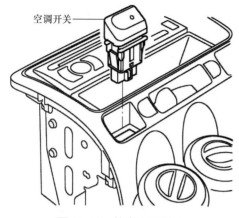

图 12-27 拉出空调开关

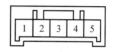

图 12-28 空调开关的检测方法

3）如果导通情况与规定不符，更换空调开关指示灯灯泡或开关。灯泡的拆卸方法如图 12-29 所示。

（4）蒸发器温度传感器的测试

1）从蒸发器上拆下蒸发器温度传感器。

2）将传感器浸入冰水中，测量端子之间的电阻，如图 12-30 所示。

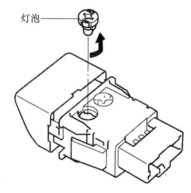

图 12-29 空调开关指示灯的拆卸方法

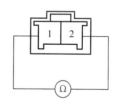

图 12-30 蒸发器温度传感器的测量

3）然后将温水倒在传感器上，并检查电阻值是否发生变化。

4）将电阻值读数与图 12-31 所示规定值进行比较，电阻值应该在规定范围内。

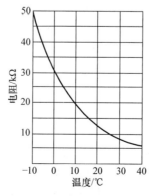

图 12-31 蒸发器温度传感器电阻值

你学会了吗？

1. 手动空调控制系统的主要电气元件有哪些，它们分别起什么作用？
2. 鼓风机的控制方式有哪些？鼓风机是怎样调速的？
3. 空调散热风扇的工作状态与哪些电气元件或因素有关？
4. 压缩机离合器的控制方法是怎样的？
5. 怎样检测鼓风机开关、鼓风机电阻、空调开关和蒸发器温度传感器？

第 13 天　手动空调控制电路

学习目标

1. 了解手动空调系统控制电路的组成及空调安全保护控制电路的作用。
2. 通过手动空调控制电路示例学会分析手动空调电路的控制原理和控制条件。
3. 掌握手动空调系统电气故障的诊断方法。
4. 通过一些故障案例学习如何分析和排除手动空调系统电气电路故障。

基础知识

手动空调系统电路由电源电路、鼓风机电路、散热风扇电路、压缩机离合器控制电路和空调安全保护控制电路等组成。空调安全保护控制电路是制冷系统正常安全运行的必备电路。当制冷系统由于某种原因而导致压力升高时，如果没有保护装置，将会引起制冷系统的运行事故。在这种情况下，采用压力开关将系统断开，使压缩机停止运行，从而保护了压缩机和制冷系统。

下面以图 13-1 所示的长安之星手动空调控制电路为例，对手动空调控制系统进行分析说明。

1. 空调电路工作原理

当空调开关、暖通开关同时开启时，控制系统才能收到空调请求的信号。而空调系统的电气控制，实际上是指 ECU 通过所检测到的各种信息数据、按设定的程序进行计算、处理，并输出相应的控制信号来控制压缩机的电磁离合器接通或断开。

空调开启后，ECU 自动将发动机怠速提升到（1000±50）r/min（空调怠速是人为不能调节的）。在加速时系统能自动使压缩机停止工作并延时接通，当出现某种故障时自动保护电路会切断压缩机电磁离合器线圈的电流，停止压缩机工作。

2. 空调请求需要满足的条件

1）在发动机怠速稳定运转时，暖风机及空调 A/C 开关必须同时打开。
2）蒸发器出口温度应 > 5℃，当蒸发器出口温度下降到 < 2℃时，自动关掉空调请求。
3）顶置蒸发器的风机继电器由空调风量开关控制。

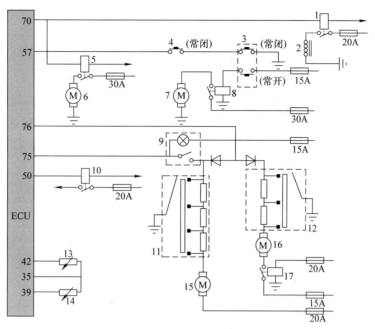

图 13-1 长安之星手动空调电路图

1—压缩机继电器 2—压缩机电磁离合器线圈 3—三态压力开关 4—压缩机热保护开关
5—冷凝器风扇继电器 6—冷凝器风扇电动机 7—散热器风扇电动机 8—三态继电器
9—A/C开关 10—散热器风扇继电器 11—暖通开关 12—顶蒸开关 13—冷却液温度传感器
14—热敏电阻（蒸发器温度传感器） 15—暖通电动机 16—顶蒸风机电动机 17—顶蒸风机继电器

3. 空调的控制

1）假如空调请求为"YES"，会立即打开空调冷凝器电子风扇，并延迟3s打开空调压缩机。

2）假如空调请求由"YES"变为"NO"，立即关闭空调压缩机，延迟3s后关闭空调风扇。

3）当冷却液温度高于108℃时，空调关闭，当冷却液温度低于105℃时，空调重新打开。在某些特定的发动机工况下（比如发动机转速过高或冷却液温度过高时），空调压缩机会停止工作。

4）在超车、发动机转速过高时空调会自动停止工作。

> **注 意**
>
> 当打开空调开关时，只是提出了需要空调工作的请求，而空调压缩机的电磁离合器并不一定马上接通，只有在满足下列条件时空调压缩机才会工作（运转）：
>
> 1）空调请求开关必须接通。
>
> 2）冷却液温度应大于某一数值（87℃）。
>
> 3）全负荷时压缩机关闭后（正常停机）的一段时间已经过去（延时）。
>
> 4）空调蒸发器的温度达到允许开动的温度值。
>
> 5）压缩机由于某种原因致使保护停机后的一段时间已经过去。
>
> 6）允许压缩机开机以后，必须经历等待（延迟）的时间已经过去。

出现下列情况时，压缩机会停止工作（运转）：

1）空调开关关闭时。

2）进入起动工况时。

3）识别到发动机全负荷工况时。

4）满足下列条件之一：

① 从节气门怠速位置算起的节气门转角（负荷信息）超过了某一数值。

② 发动机转速小于压缩机工作时的值。

③ 冷却液温度大于某一数值。

④ 加速时，节气门转角的增加速率超过了某一数值。

4. 电气控制系统的保护装置

1）发动机运转时打开空调及暖通开关，ECU 的 75、76 脚应为 0~0.5V（关闭时为 10~14V）。

2）当需要空调工作时，ECU 的 70 脚输出低电平，使空调继电器总成吸合，该继电器输出高电平，压缩机电磁离合器吸合，压缩机开始工作。同时，当系统内压力高于 1.52MPa 时三态压力开关的中压开关闭合，该信号使三态继电器吸合，使散热器风扇电动机处于工作状态帮助冷凝器散热。当压力低于 1MPa 时中压开关断开。当系统压力高于 3.2MPa 或低于 0.2MPa 时，三态压力开关的高低压开关断开，控制系统会立即停止空调工作。

3）加速切断保护。当节气门开度为 90% 时，空调自动切断，延时 10s 后接通。

4）低速保护。控制脉冲信号取自转速传感器。当发动机转速低于正常怠速时，空调压缩机继电器会切断空调。

5）发动机冷却液温度保护。当发动机冷却液温度高于 108℃ 时切断空调，温度降低到 105℃ 时空调又自动接通。冷却液温度传感器的阻值见表 13-1。

表 13-1 冷却液温度传感器的阻值

发动机冷却液温度	冷却液温度传感器电阻
50℃	154Ω
80℃	52Ω
100℃	27.5Ω

6）三态压力开关。三态压力开关对空调制冷系统的保护作用见表 13-2 和表 13-3。

表 13-2 高低压保护

高压侧压力	高低压保护开关
200kPa 或以下	不导通
3200kPa 或以上	不导通

表 13-3 中压保护

高压侧压力	散热器电子风扇
1500kPa 或以上	导通工作
1000kPa 或以下	不导通停止

7）温度保护。热敏电阻（蒸发器温度传感器）安装在前置蒸发器内，其作用是防止蒸发器表面结霜。该电阻具有负温度特性（表 13-4），当蒸发器的温度低于 2℃ 时，自动切断压缩机；当蒸发器的温度高于 5℃ 时，自动起动压缩机。

表 13-4　热敏电阻负温度特性

蒸发器温度 /℃	0	10	15	20	25	30
阻值 /kΩ	7.2	4.4	3.5	2.8	2.2	1.9

8）压缩机过热保护。当压缩机外壳的温度异常高时，在150℃时热保护断开，使ECU 70脚输出高电平，压缩机停止工作；当压缩机外壳的温度降至130℃时热保护开关闭合，压缩机又开始工作。

一、长安之星空调系统电气故障的诊断

1. 蒸发器温度传感器（热敏电阻）诊断

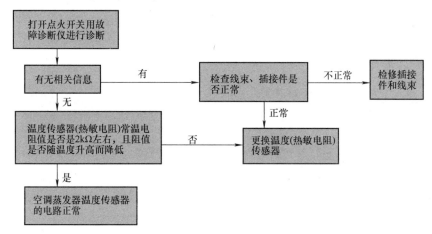

2. ECU 第 75 脚、76 脚与 70 脚的电压诊断

当空调开关和暖风机开关同时闭合时，发动机将自动提升转速100r/min，ECU 的第 75 脚和 76 脚对地电压应小于 0.5V；70 脚电压为 0~0.5V 时，压缩机继电器工作。开关断开时，ECU 的第 75 脚、76 脚与 70 脚的电压会上升为高电位。

3. 空调继电器诊断

当执行 1、2 项诊断后可对空调继电器进行如下诊断：

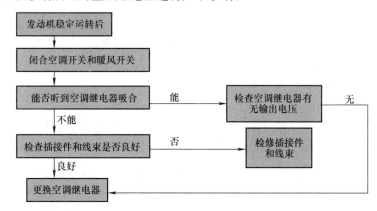

二、中华骏捷轿车空调控制部分故障诊断

中华骏捷轿车手动空调控制系统的电气原理如图 13-2 所示。

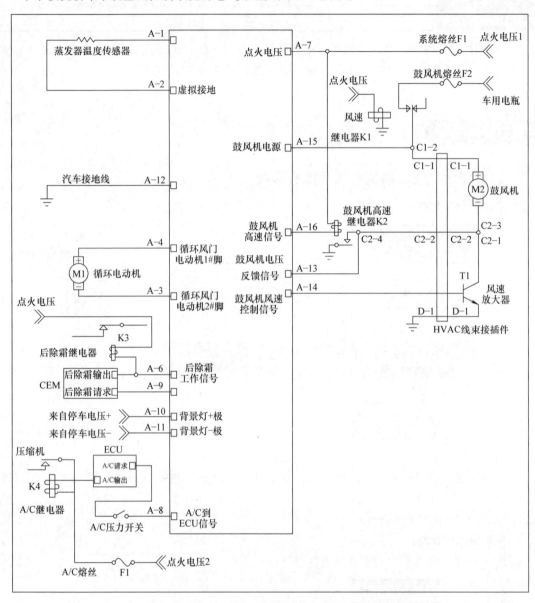

图 13-2 空调控制系统电气原理图

1. 电动鼓风机故障诊断

1) 如果鼓风机只能高速(手动空调对应第 5 档,电动空调对应第 7 档)运转,可能是鼓风机调速模块或相关电气配线发生故障。

2) 如果鼓风机只能工作在 1~4 档(手动空调)或 1~6 档(电动空调),而最高档不工作,可能是鼓风机高速继电器或相关电气配线发生故障。

3) 如果鼓风机完全不工作,可能是鼓风机电动机或相关电气配线发生故障。

2. 空调压缩机吸合条件

为了使空调系统正常制冷,空调压缩机必须吸合运行。空调压缩机的控制电路如图 13-3 所示。

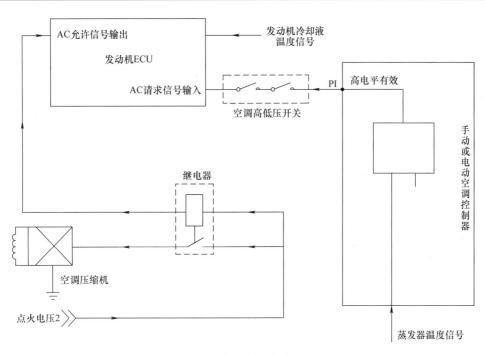

图 13-3　压缩机控制电路原理图

在整个手动或电动空调系统零部件均处于正常工作状态的情况下,保证手动空调系统压缩机吸合共有 3 个充要条件,只有这些条件同时满足时,压缩机才可吸合,彼此缺一不可,具体是:

1)空调系统管路压力,见表 13-5。

表 13-5　空调系统高压回路压力控制点

管路压力状态	压力开关由断开到闭合	压力开关由闭合到断开
低压	0.225MPa	0.196MPa
中压	(1.77±0.08)MPa(冷凝风扇高速运转)	(1.37±0.12)MPa(冷凝风扇低速运转)
高压	2.55MPa	3.14MPa

2)蒸发器温度,见表 13-6。

表 13-6　蒸发器温度传感器温度控制点

运行状况	设定温度 /℃	偏差 /℃
切断空调	+3.0	±0.20
状态保持区间	+1.5	±0.20
开启空调	+4.5	±0.20

3)发动机的冷却液温度。

3. 蒸发器温度传感器故障排查

在判断蒸发器温度传感器是否出现故障时,应该首先使空调系统正常通电工作,并在没有拆除蒸发器温度传感器的情况下,将万用表设定到电流档,串联接入到蒸发器温度传感器的测量回路中,进行回路电流 I 的测量,并且可根据欧姆定律 $R=U/I$,求得相应的阻值 R,参见表 13-7,其中 $U=5V$。

表 13-7 蒸发器温度传感器特性

温度 /℃	-5	-4	-3	-2	-1	0	1	2	3	4	5	6	7	8	9	10
R_{min}/Ω	6031	5724	5434	5160	4902	4658	4428	4210	4004	3810	3626	3453	3288	3132	2985	2845
R/Ω	6282	5962	5660	5375	5106	4852	4612	4385	4171	3969	3777	3597	3425	3263	3109	2964
R_{max}/Ω	6533	6200	5886	5590	5310	5046	4796	4560	4338	4128	3928	3741	3562	3394	3233	3083

因为蒸发器温度传感器阻值的变化有一定的滞后现象,而且内部的温度不能测量,因此判断传感器的好坏,只能看温度传感器阻值 R 的走势是否正确,即随着温度的增高,阻值应相应下降:

1)如果走势不正确,则说明蒸发器温度传感器损坏。

2)如果走势正确,且阻值已经低于 5100Ω,而压缩机还处于工作状态,则是控制器的问题。

3)如果温度传感器阻值到了一定值后又反弹下降,并且不可能到达 4171Ω 左右(考虑到蒸发器温度传感器存在的误差),即 3.0℃左右,则说明空调蒸发器芯体出现冰堵,这时应将空调 A/C 开关关闭,鼓风机处于高速运转状态,大约 5min 后再打开 A/C 开关,检查温度传感器的阻值是否变化来确定传感器是否已损坏。

蒸发器出现冰堵有很多原因,如传感器的安装位置偏高、传感器损坏、压缩机控制阈值偏移多都会引起蒸发器冰堵。

当蒸发器温度传感器出现短路或断路故障时,手动空调控制器及储物盒总成上的 A/C 按键工作指示灯将以 0.5s/次的频率进行闪烁,此时,空调系统压缩机将无法正常工作,直到该故障修复后,空调压缩机方可恢复正常的制冷工作,同时 A/C 按键工作指示灯停止闪烁。

1. 捷达空调不制冷,A/C 开关指示灯不亮

故障现象:一辆新捷达 1.6L 空调出风口不凉,按下 A/C 开关,指示灯不亮。

故障诊断与排除:

1)首先利用 VAS 诊断仪查询各个系统,无故障存储。

2)打开空调,观察发现风扇不转,空调压缩机离合器不吸合。

3)查看图 13-4 所示的空调系统电路图,检查压缩机供电熔丝 SC25,正常;测量熔丝片处有电。

4)开启空调时压缩机继电器 J32 吸合,但是没有电流通过,压缩机不工作,且后窗加热也不能工作。

5)怀疑从熔丝到开关间的线路有虚接或断路之处,于是检查线路。

6)根据电路图检查发现 T10S/8 处无供电,且后窗加热也不能工作,综上分析问题出在节点 E114 到熔丝 SC25 之间的线路。

7)拆解仪表台,剥开线束检查,发现节点 E114 电源线断路。

8)修理该电源线路后,按下 A/C 开关,空调与后窗加热均能正常工作,故障排除。

2. 比亚迪 F3 空调压缩机不工作

故障现象:一辆比亚迪 F3 舒适款车型(手动空调系统)空调不制冷,经检查为按下 A/C 开关后空调压缩机不工作。该车的空调控制电路如图 13-5 所示。

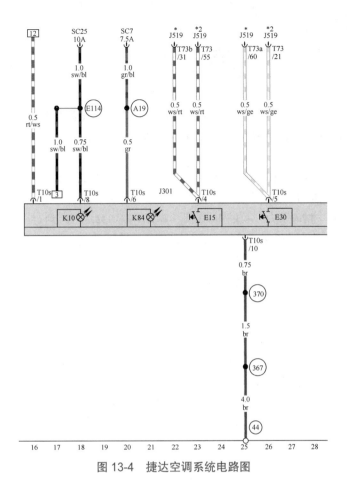

图 13-4 捷达空调系统电路图

E15—可加热后窗玻璃开关　E30—空调开关　J301—空调器控制单元
J519—车载电网控制单元　K10—可加热后窗玻璃指示灯　K84—空调器指示灯

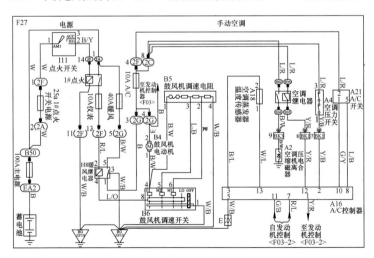

图 13-5 比亚迪 F3 手动空调系统电路图

故障原因分析：

针对压缩机不工作，主要从两个方面进行检查：

1）空调系统制冷剂量是否正常。

2）压缩机的控制电路故障：

① 压缩机电磁离合器、空调继电器及相关线路故障。

② 空调系统的压力保护、温度保护等引起压缩机不工作。

检查步骤：

1）首先检查空调系统的制冷剂量。测量系统静态压力，高压为 0.5MPa，低压为 0.45MPa（正常情况为：停车 10min 左右，环境温度为 25℃时，高、低压侧压力为 0.4~0.6MPa），由此初步确定系统制冷剂量正常。

2）打开点火开关至 ON 档，按下 A/C 开关，打开鼓风机开关。此时，拔掉空调压力开关，直接短接压力开关插接器的 1（黄/黑线）、3（蓝/红线）针脚（高、低压信号），压缩机仍不工作；测量 3 脚有 12V 电压，测量压力开关的 1、3 脚，电阻小于 1Ω，由此判定压力开关正常。

3）拔掉空调继电器，直接短接该继电器线束侧的工作回路端（B62、B36 脚），压缩机可以工作，由此初步确定压缩机电磁离合器及相关线路正常。

4）拔掉 A/C 控制器，将 A/C 控制器插接器的 12 脚（黄/红线，空调继电器线圈控制线）直接对地短接，压缩机能吸合，由此再次确认压缩机的工作回路正常，应为 A/C 控制器及相关控制信号故障。

5）为准确检查故障原因，分别对 A/C 控制器的各个插脚进行测量：

① 按下 A/C 开关后，测量 8 脚（A/C 开关信号）为电源电压，判定 A/C 开关、开关至 A/C 控制器的相关线路正常。

② 测量 2 脚（压力开关的高低压信号脚）时发现没有电压，故障原因应该在此（正常情况，打开鼓风机开关后，若系统压力及压力开关正常，此处应为电源电压）。

6）经对此线路进行仔细检查，最终发现该线在经过 BK1 插接（翼子板线束和仪表板线束插接器，在组合仪表后）时接触不良，对此处进行修复后试验，故障排除。

 你学会了吗？

1. 手动空调系统的控制电路由哪些分电路组成？空调安全保护控制电路起什么作用？
2. 简要说明手动空调系统控制电路是如何工作的？
3. 如何诊断空调鼓风机不工作故障？
4. 空调压缩机不工作时应如何诊断？一般的诊断步骤是怎样的？

第 14 天　自动空调控制系统

学习目标

1. 了解自动空调控制系统和手动空调控制系统的区别。
2. 掌握自动空调控制系统的组成和工作原理。
3. 了解自动空调控制系统主要部件的作用和工作原理。

汽车空调控制系统按控制功能的不同可分为手动空调和自动空调。手动控制空调是按照人工设定的温度、鼓风机转速和工作模式运行的，它不能依据车内、外温度的变化对鼓风机转速、压缩机的通与断、各个风门位置做出任何修正动作。手动控制空调的手动调节比较麻烦，驾驶人的负担大，汽车舒适性差。自动控制空调能根据驾驶人所设定的温度不断检测车内、外温度，太阳辐射等车内、外环境的变化，自动调节鼓风机转速、进气模式、工作模式和压缩机的运行等，保持车内温度和湿度在设定范围内，以获得最佳的舒适性。

一、自动空调控制系统的组成

如图14-1所示，汽车空调系统的自动控制装置是由室内温度传感器、室外温度传感器、冷却液温度传感器、阳光传感器、车速传感器、温度调节执行器、内外循环调节执行器、风向调节执行器、鼓风机调速模块、鼓风机高速继电器、VFD显示屏、控制面板等组成的。

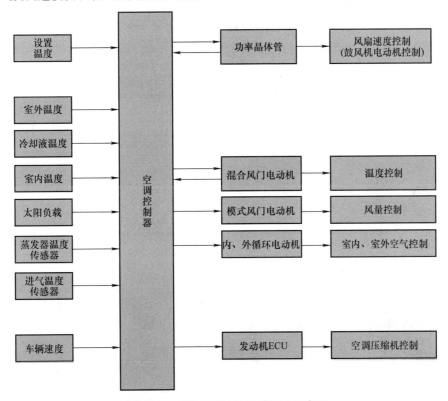

图14-1 自动空调控制系统结构示意图

自动空调控制系统主要是由传感器、执行元件和空调控制单元（空调控制器）组成。如图14-2所示。

各个传感器感知到外界的变化，并转换成电信号，输入给空调控制器，经过空调控制器中微处理器的综合计算后输出指令，指挥执行器的输出运动，调节各个出风口风门的开度和风向，调节冷、热量的混合比例，达到调节车内空气温度的目的。VFD显示屏显示微处理器输出各种指令的图案，让驾乘人员了解空调系统工作状况、车内空气温度等。

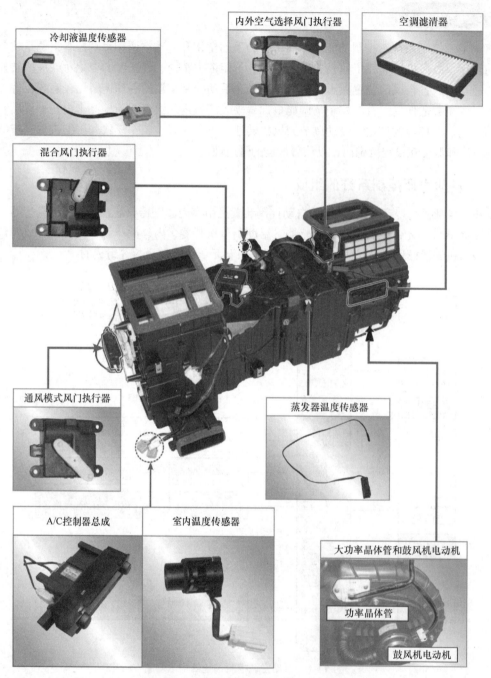

图 14-2 自动空调控制系统组成部件

二、自动空调控制系统主要部件

（1）控制面板（空调控制器） 自动空调的控制面板和控制器通常是一体的，我们可以通过控制面板设定目标温度，对空调系统发出各种指令。如图 14-3 所示，控制面板上的液晶显示屏可以显示室内外温度、空调的运行状况等。

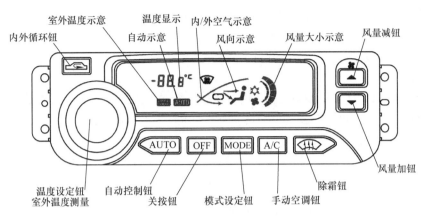

图 14-3 自动空调控制面板

（2）室内温度传感器 如图 14-4 所示，室内温度传感器安装在驾驶人侧仪表板下盖处，由 NTC 热敏电阻构成。它通过传感器的输入口吸入车内空气，将温度变化转化成电阻电压的变化，输入给空调控制器，通过计算转换成温度变化显示在显示屏上。车内温度传感器会影响出风口空气的温度、出风口风量、模式风门的位置、进气风门的位置。

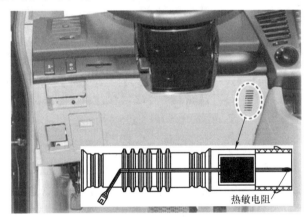

图 14-4 室内温度传感器

（3）室外温度传感器 室外温度传感器也称环境温度传感器、外界空气温度传感器、大气温度传感器。如图 14-5 所示，它安装在车体前部的散热器支架上，由 NTC 热敏电阻构成，能感知车外的空气温度变化，将温度变化转化成电阻电压的变化，输入给空调控制器，通过计算转换成温度信号显示在空调显示屏上。车外温度传感器能影响出风口空气的温度、出风口风量、模式风门的位置、进气风门的位置。当外部环境的温度低于某一数值（如 5℃）时，压缩机就会停止工作。

图 14-5 室外温度传感器

（4）冷却液温度传感器 冷却液温度传感器安装在空调暖风水箱上，由 NTC 热敏电阻构成，它的作用如下：

1）测量暖风加热器芯中的冷却液温度，修正混合风门的位置。

2）保护功能，防止发动机在高温下压缩机工作。

3）控制鼓风机。在冷却液温度过低时，系统会启动风机的预热控制。也就是在冷却液温度过低，且在取暖工况下，为了防止吹出的风是冷风，在冷却液温度低于系统设定温度时，风机会低速工作或不工作。

（5）阳光传感器 当车辆被阳光照射时，车内的温度将会上升，空调系统的热负荷增大。为了对这一额外的热负荷进行制冷量补偿，自动空调系统设置了阳光传感器。

阳光传感器也叫日光传感器、日照传感器等。阳光通过前窗玻璃射入时，光敏二极管检测出射入的日照强度，然后将光信号转变为电压或电流值送给空调控制器，用来修正混合风门的位置与风机的转速。如图14-6所示，阳光传感器安装在仪表台的上面，靠近前风窗玻璃的底部。

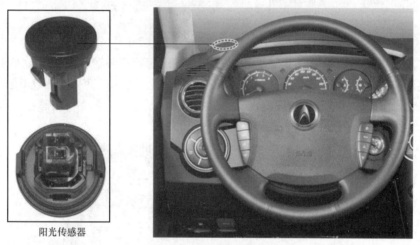

图14-6 阳光传感器的分布位置

（6）空调压力传感器 空调压力传感器用来测量空调系统的制冷剂压力，压力传感器安装在空调高压管路上，如图14-7所示。该传感器向发动机或空调控制单元输出制冷剂压力信号，当检测到空调制冷管路压力过低或过高时，控制系统停止对空调压缩机离合器供电，压缩机停止运转，以免对空调系统造成损坏。当制冷剂压力达到一中等压力值时，散热器风扇高速运转，从而降低空调制冷剂压力。

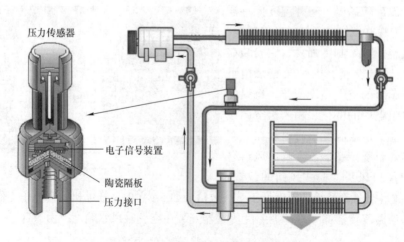

图14-7 空调压力传感器结构示意图

（7）空气质量传感器（AQS） 空气质量传感器用于检测外界空气中的有害气体含量。如果空气中的有害物质超标，则通过关闭进气风门，使空调系统处于内循环模式来隔绝有害气体，以保护乘员的健康。空气质量传感器通常位于室外温度传感器附近，如图14-8所示。

图14-8 空气质量传感器安装位置

（8）鼓风机与功率晶体管 自动空调系统的鼓风机转速是由功率晶体管（功率模块）控制的，功率晶体管从自动空调放大器接收风扇控制信号，通过改变功率晶体管基极的电流值控制鼓风机电动机的工作速度。功率晶体管的安装位置如图14-9所示。

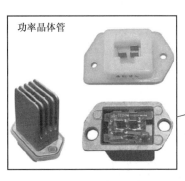 

图14-9 功率晶体管

某车型鼓风机的控制电路如图14-10所示。在自动模式下，鼓风机电动机的转速由自动空调控制器根据室内温度传感器、日照传感器、进气传感器及环境温度传感器的输入信息进行计算。鼓风机电动机适用的电压为3.0（最低速）~12V（最高速）。自动放大器为功率晶体管提供了一个门电压。根据这个门电压，自动放大器控制鼓风机电动机两端的工作电压。

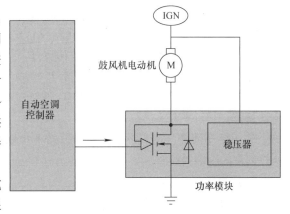

图14-10 自动空调鼓风机控制电路

（9）内外循环模式执行器 内外循环模式执行器（图14-11）安装在HVAC进气口处，根据空调控制器的温度调节操作指令，调节内外循环风门的位置，获得新风（车外新鲜空气）或回风（车内循环空气），进而控制车内温度。驾乘人员也可根据自己的需求，给出指令，改变空气循环模式。

（10）混合风门执行器 混合风门执行器（图14-12）安装在HVAC中央，根据空调控制器的自动温度调节操作指令，调节蒸发器、暖风水箱之间的温度风门开度大小，适当调节冷、热风量混合比例，达到温度调节目的。因此，混合风门执行器也可称为空气温度调节执行器。

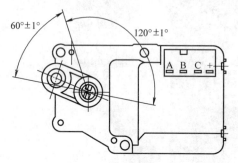

图14-11 内外循环模式执行器示意图

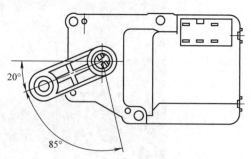

图14-12 混合风门执行器示意图

（11）通风模式风门执行器 通风模式风门执行器（图14-13）是由空调控制器控制，闭合、打开和调整通风口（VENT）、下风门（FLOOR）和上风门（DEF）这些通风模式风门，以改变气流方向的执行器。当按下"自动控制"键时，空调电控单元根据计算结果（送风温度）调节通风模式的风向，得到吹面、吹面+吹脚、吹脚、吹脚+吹窗、吹窗的风向。驾乘人员也可根据自己需求，给出手动控制指令，得到上述结果。

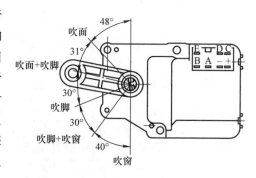

图14-13 通风模式风门执行器示意图

三、自动空调控制系统的控制操作

自动空调系统控制操作有两种方式：人工模式和自动模式。人工模式时，驾驶人可调节控制面板的功能键，实现单一功能。自动（AUTO）模式时，驾驶人仅需设定车内温度，电子控制单元按空调系统优化的工作目标，调节空调系统工作，使车内环境处于一定舒适目标参数下。

1. 温度控制

按下控制面板上的"AUTO"键时，温度可按自动控制过程进行，也可按手动控制过程进行。

（1）自动调节 按下控制面板上的"AUTO"键，空调系统进入自动控制工作状态，空调控制器接收室内温度传感器、室外温度传感器、冷却液温度传感器、阳光传感器的信号，同由车外温度T_{OUT}、室内温度T_{IN}和设定温度T_S组成的综合温度曲线T_D计算比较，输出相应的风量、风向、内/外空气风门、冷热风门开度、制冷、制热、除霜等信号，从而实现车室内空气温度的自动调节。

（2）手动调节 调节设定温度T_S，按下控制面板上的"A/C"键、风量键，从而实现车室内空气温度的手动调节。

2. 风量控制

按下控制面板上的"AUTO"键时，风量可按自动控制过程进行，也可按手动控制过程进行。

1）手动控制时，按下风量加、减键，鼓风电动机随之运转。按一次按键，则增加或减少一档。增加到六档时，则再按不再增加；减少到一档时，再按也不再减少。鼓风机各档位所对应的电压见表 14-1。

表 14-1 鼓风机档位电压

档位	鼓风机电压
0	0V
1	4.8V
2	5.2V
3	6.2V
4	8.2V
5	10V
6	12V

2）如图 14-14 所示，自动控制时，根据 T_D 值自动向目标电压逼近。

注：T_D 值是自动控制温度的基本值，可根据车内温度和车外温度的变化计算出的变化量，调节设定温度。

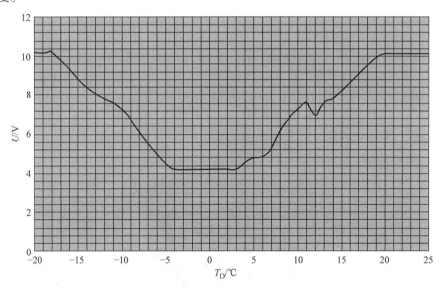

图 14-14 T_D 值曲线图

你学会了吗？

1. 自动空调控制系统的特点是什么？
2. 自动空调控制系统由哪些部分组成？包括哪些传感器？
3. 自动空调控制系统主要部件有哪些？它们各起什么作用？

第15天 自动空调系统的诊断与检修

1. 了解自动空调系统故障自诊断功能的意义。
2. 通过一些车型示例了解空调系统执行故障自诊断的操作方法。
3. 掌握本田讴歌自动空调控制系统的检修方法,并学会举一反三。

一、自动空调系统的自诊断

汽车自动空调控制系统具有故障自诊断功能,实施自诊断有助于快速而系统地查找空调控制系统的传感器、控制单元、执行元件(各模式风门电动机、鼓风机电动机、压缩机)以及电气线路连接故障等。开启各种车型自动空调系统自诊断的方法有所区别,详细步骤可参见具体车型的维修手册,下面举例进行说明。

1. 奇瑞汽车自动空调系统自诊断

(1)开机自检 驾驶人打开点火开关后打开空调控制器时,微处理器将对室外温度传感器、进风温度传感器、冷却液温度传感器、阳光传感器等进行自动检测。如有故障,温度显示处的数字符号(图15-1)会闪烁。

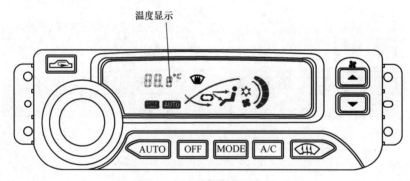

图15-1 自诊断故障显示处

(2)强制自检 奇瑞瑞虎5自动空调系统自诊断的开启方法:将DVD置于FM模式,空调驾驶人侧温度设置为29.5℃,长按A/C按键+内外循环按键5s以上。进入自诊断模式后,空调控制器后台自动实现自检,运行空调系统各执行机构和传感器后利用DVD屏幕显示故障码,其他信息不显示。故障码显示5s后自动退出自检(重新上电可强制结束诊断功能),无故障显示00,5s后退出自诊断。自诊断结束后,退回到自诊断之前的状态。

如有故障则会显示相应代码,见表15-1。

表 15-1 故障码与内容

代码	故障内容	代码	故障内容
00	室外温度传感器错误（开路或短路）	12	循环风门电动机错误（调节失效）
01	室外温度传感器错误（开路或短路）	13	左模式风门电动机错误（调节失效）
02	室内左温度传感器错误（开路或短路）	14	预留
03	室内右温度传感器错误（开路或短路）	15	左温度混合风门电动机错误（调节失效）
04	左阳光传感器错误（开路或短路）	16	右温度混合风门电动机错误（调节失效）
05	右阳光传感器错误（开路或短路）	17	预留
06	预留	18	预留
07	预留	19	预留
08	蒸发器温度传感器错误（短路或断路）	20	预留
09	加热器温度传感器错误（短路或断路）	21	控制面板 CAN 通信错误（通信中断）
10	预留	22	与 BCM 通信错误
11	鼓风机错误（调节失效）		

2. 双龙汽车自动空调系统自诊断

（1）自诊断代码　双龙汽车的空调控制器有自诊断功能，检查空调系统的每个部件前，一定要使用自诊断功能检查故障码。空调系统的故障码见表 15-2。

表 15-2　双龙汽车空调系统故障码

代码	故障内容	代码	故障内容
0	正常	8	—
1	室内温度传感器故障	9	AQS 故障
2	室外温度传感器故障	10	湿度传感器故障
3	蒸发器表面温度传感器故障	11	—
4	空气混合电动机故障	12	内外空气选择风门故障
5	光照传感器故障	13	—
6	大功率晶体管故障	14	—
7	鼓风机高速继电器故障	15	—

（2）自诊断方法

1）使用温度调节开关（AUTO）把温度设置为 26℃，然后在按下 AUTO 开关的情况下在 3s 内按下 OFF 开关 3 次，如图 15-2 所示。

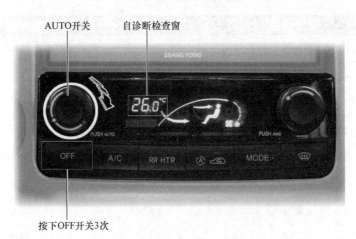

图 15-2 空调自诊断方法示意图

2）此时，空调控制器开始执行自诊断程序，如图 15-3 所示。

图 15-3 自诊断程序显示

3）执行自诊断后，空调控制器内集成的微型计算机在 VFD 上显示故障码。图 15-4 所示故障码是由断开室内温度/湿度传感器插接器所导致的。

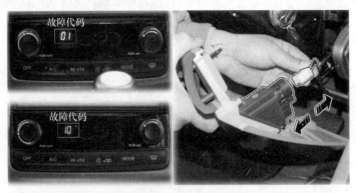

图 15-4 室内温度/湿度传感器故障码显示

4）显示故障码后，系统将在 AUTO 模式内工作。

注　意

对于光照传感器而言，仅传感器短路诊断有效。开关电路断开（传感器断路）时，系统认为是在夜间（相当于传感器检测到光照极其微弱或没有光照信号）。

（3）空调系统故障时的现象　如果自动空调系统的传感器出现故障，则温度显示器会在空调控制器的初始操作期间闪烁 3 次。

如果设置的温度符号开始闪烁，则空调自诊断功能开始检查故障传感器的状态。

二、本田讴歌 TL 空调控制系统自诊断与检修

1. 自诊断方法

本田讴歌 TL 气温控制单元有自诊断功能，可按下列步骤启动自诊断功能：

1）将点火开关转至 LOCK（0）位置，然后转回至 ON（Ⅱ）位置，或按下 engine start/stop（发动机起动/停止）按钮以选择 OFF 模式，然后选择 ON 模式。

2）如图 15-5 所示，按住 FAN ON/OFF 按钮，然后在 10s 内按下并松开 REAR WINDOW DEFOGGER/MIRROR DEFOGGER（后窗除雾器/后视镜除雾器）按钮五次；松开 FAN ON/OFF 按钮，然后自诊断开始。

> **注意**
>
> 1）无论仪表板如何显示，鼓风机电动机将以不同转速运行。
>
> 2）如果系统有故障，AUTO 88 和 WINDSHIELD DEFROST（风窗玻璃除霜）或 88 和 MODE（模式）将闪烁，并且 14 个指示器段（A 至 N）的一个或多个将闪烁。
>
> 3）如果存在不止一个故障码（DTC），指示器段按顺序一次显示一个（所有显示指示器段点亮）。
>
> 4）如果没有检测到故障，这些区段将不会点亮，且系统也不会关闭。

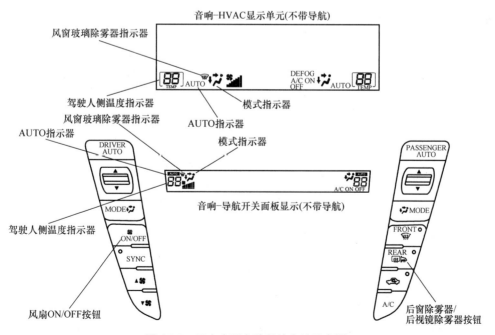

图 15-5　开启空调自诊断的方法示意图

3)取消自诊断功能:将点火开关转至 LOCK 位置,或按下 engine start/stop(发动机起动/停止)按钮选择 OFF 模式,以取消自诊断功能。

完成修理工作后,再次运行自诊断功能,确保没有其他 DTC。

2. 自动空调控制系统的检修

2009 款本田讴歌的自动空调控制系统电路如图 15-6 所示。

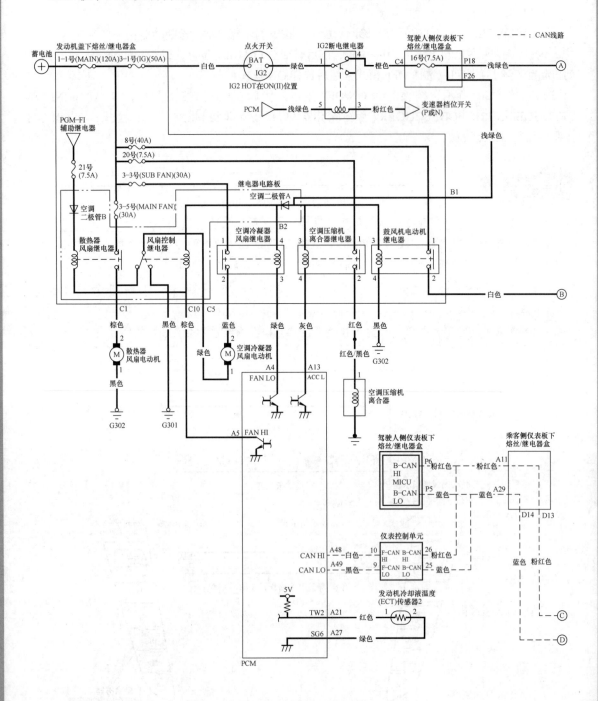

图 15-6 本田讴歌自动空调控制系统电路图

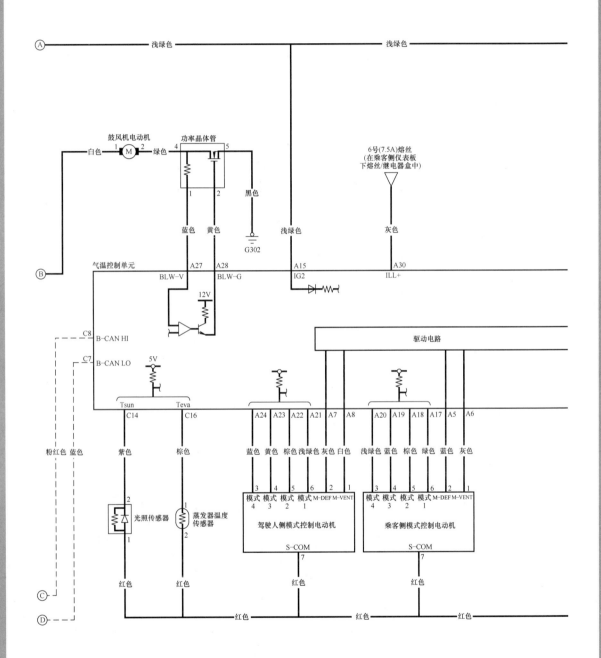

图 15-6　本田讴歌自动空调控制系统电路图（续）

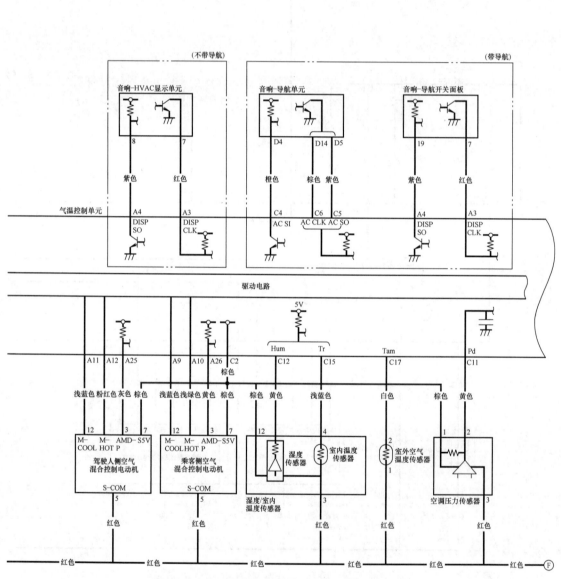

图 15-6　本田讴歌自动空调控制系统电路图（续）

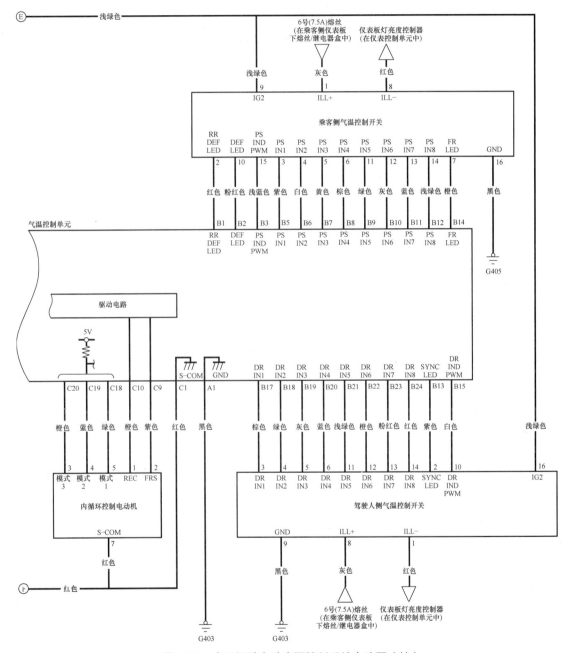

图 15-6　本田讴歌自动空调控制系统电路图（续）

（1）空调压力传感器的测量　空调压力传感器将空调压力转换为电信号发送到动力控制模块（PCM），然后由 PCM 发出控制指令，见表 15-3。

当制冷剂压力低于 196kPa 或高于 3138kPa 时，PCM 关闭压缩机继电器以保护空调压缩机。当制冷剂压力高于 1390kPa 时，PCM 将散热器和空调冷凝器风扇切换到高速档。

表 15-3 空调压力传感器控制原理

空调系统压力	传感器输出电压	系统操作
异常低压： 低于 196kPa	低于 0.685V	PCM 断开压缩机离合器。散热器和冷凝器风扇根据发动机冷却液温度的情况工作
正常工作压力： • 高于 196kPa • 低于 1470kPa	0.686～1.944V	PCM 基于冷却系统的状况循环控制压缩机离合器。散热器和冷凝器风扇低速运转，直到发动机冷却液温度超过 97℃
较高工作压力： • 高于 1470kPa • 低于 3138kPa	1.945～4.575V	PCM 基于冷却系统的状况循环控制压缩机离合器。散热器和冷凝器风扇高速运转
异常高压： 高于 3138kPa	高于 4.575V	PCM 断开压缩机离合器。散热器和冷凝器风扇根据发动机冷却液温度的情况工作

空调压力传感器的工作特性如图 15-7 所示。

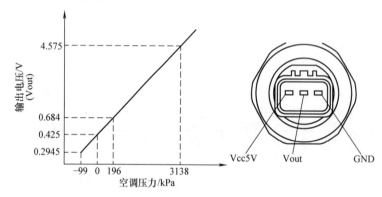

图 15-7 空调压力传感器工作特性

（2）湿度/车内温度传感器测试　湿度传感器的测试方法如下：

1）拆下湿度/车内温度传感器。

2）连接湿度/车内温度传感器 4 针插接器。

3）将点火开关转至 ON（Ⅱ）位置，或按下 engine start/stop（发动机起动/停止）按钮以选择 ON 模式。在插接器连接时，将（+）探针放到 2 号端子上并将（-）探针放到 3 号端子上，测量两个端子之间的电压，如图 15-8 所示。

4）如果电压与规定值不符，更换湿度/车内温度传感器。

车内温度传感器的测试方法如下：

1）拆下湿度/车内温度传感器。

2）将湿度/车内温度传感器固定在仪表板中间通风口前部，并进行测试。

①将系统设置为最冷，测量其电阻值。

②将系统设置为最热，测量其电阻值。

3）将湿度/车内温度传感器 4 号和 3 号端子之间的电阻读数与图 15-9 所示的规定值进行比较，阻值应该在规定范围内。

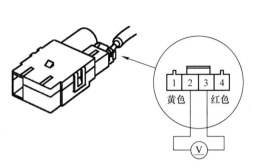
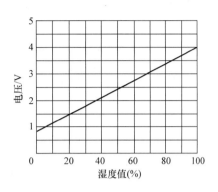

图 15-8 湿度传感器的测试方法

4）如果阻值与规定值不符，更换湿度/车内温度传感器。

5）断开湿度/车内温度传感器时要清除所有的 DTC 设置。

（3）车外温度传感器测试

1）拆下车外温度传感器。

2）将传感器浸在冰水中并测量电阻。然后将温水倒在传感器上，并检查阻值是否发生变化。

3）将车外温度传感器 1 号和 2 号端子之间的电阻读数与图 15-10 所示的规定值进行比较，阻值应该在规定范围内。

4）如果阻值与规定不符，更换车外温度传感器。

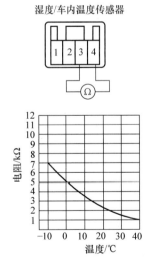
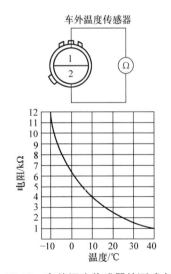

图 15-9 车内温度传感器的测试方法　　图 15-10 车外温度传感器的测试方法

（4）光照传感器测试

1）拆下光照传感器 A，如图 15-11 所示。

2）将点火开关转至 ON 位置。在插接器连接时，将（+）探针放到 2 号端子上并将（−）探针放到 1 号端子上，测量两个端子之间的电压。

> **注意**
>
> 在闪光灯或荧光灯的光照下,电压读数不会改变。电压应为:
> ① 传感器未受到阳光直接照射时:3.6~3.7V 或更高。
> ② 传感器受到阳光直接照射时:3.3~3.5V 或更低。

3)如果电压与规定不符,则更换光照传感器。

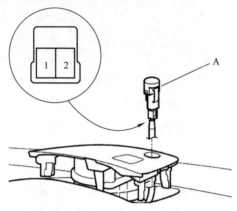

图 15-11 光照传感器的测试方法

(5)蒸发器温度传感器测试

1)拆下蒸发器温度传感器。

2)将传感器浸在冰水中,测量端子之间的电阻。

3)将温水倒在传感器上,并测量电阻。

4)将电阻读数与图 15-12 所示的规定值进行比较,阻值应该在规定范围内。

5)如果阻值与规定不符,更换蒸发器温度传感器。

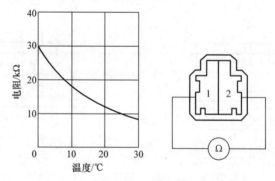

图 15-12 蒸发器温度传感器的测试方法

(6)功率晶体管测试

1)拆下乘客侧仪表板底盖。

2)将 5 针插接器从功率晶体管上断开。

3)如图 15-13 所示,测量功率晶体管 1 号和 4 号端子之间的电阻,阻值应该约为 1.5kΩ。如果阻值符合标准,转至步骤 4;如果阻值不在规定范围内,更换功率晶体管。

> **注意**
>
> 同时检查鼓风机电动机。鼓风机电动机故障可导致功率晶体管故障。

4）将5针插接器重新连接到功率晶体管上。

5）断开气温控制单元插接器A（32针），如图15-14所示。

6）用跨接线连接气温控制单元插接器A（32针）15号和28号端子。

7）将点火开关置于ON位置，或按下engine start/stop（发动机起动/停止）按钮以选择ON模式，检查并确认鼓风机电动机是否运转。

① 如果鼓风机电动机不运转，更换功率晶体管。

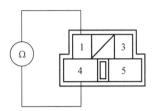

图15-13 功率晶体管电阻的测量方法

> **注意**
>
> 鼓风机电动机故障可导致功率晶体管无法工作。如果更换了功率晶体管，要检查鼓风机电动机是否卡滞，如有必要，予以更换。

② 如果鼓风机电动机运转，则功率晶体管正常。

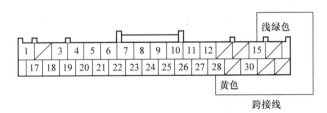

图15-14 气温控制单元插接器

（7）驾驶人/乘客侧空气混合控制电动机测试

1）将7针插接器从驾驶人/乘客侧空气混合控制电动机上断开。

> **注意**
>
> 将电源和搭铁线错误地连接到空气混合控制电动机上，将导致电动机损坏。

2）如图15-15所示，将蓄电池电源连接到驾驶人/乘客侧空气混合控制电动机1号端子并将2号端子搭铁，驾驶人/乘客侧空气混合控制电动机应该运转，且停在最冷位置。如果情况不是如此，将端子反接；驾驶人/乘客侧空气混合控制电动机应该运转，且停在最热位置。驾驶人/乘客侧空气混合控制电动机停止运转时，应立即断开蓄电池电源。

3）如果驾驶人/乘客侧空气混合控制电动机在步骤2）不运转，则将它拆下，然后检查驾驶人/乘客侧空气混合控制连杆和风门是否平稳移动。

① 如果连杆和风门平稳移动，更换驾驶人/乘客侧空气混合控制电动机。

② 如果连杆或风门卡滞或受阻，则必要时进行修理。

③ 如果空气混合控制电动机运转平稳，转至步骤4）。

4）测量驾驶人/乘客侧空气混合控制电动机5号和7号端子之间的电阻，阻值应该在4.2~7.8kΩ之间。

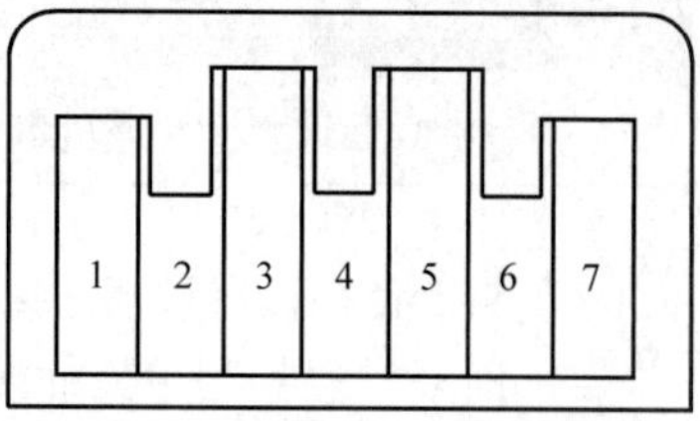

图15-15　驾驶人/乘客侧空气混合控制电动机插接器

5）重新连接空气混合控制电动机7针插接器，然后将点火开关转至ON位置。

6）用背面探测组件，测量3号和7号端子之间的电压。

最冷时：约0.5V；最热时：约4.5V。

7）如果电阻或电压读数中任一个与规定不符，更换驾驶人/乘客侧空气混合控制电动机。

（8）驾驶人/乘客侧模式控制电动机测试

1）从驾驶人/乘客侧模式控制电动机上断开7针插接器。

注　意

将电源和搭铁线错误地连接到驾驶人/乘客侧模式控制电动机将导致电动机损坏。

2）将蓄电池电源连接到驾驶人/乘客侧模式控制电动机1号端子并将2号端子搭铁，驾驶人/乘客侧模式控制电动机应该运转，且停在通风位置。如果情况不是如此，将端子反接；驾驶人/乘客侧模式控制电动机应该运转，且停在除霜位置。驾驶人/乘客侧模式控制电动机停止运转时，应立即断开蓄电池电源。

3）如果驾驶人/乘客侧模式控制电动机在步骤2）不运转，则将它拆下，然后检查模式控制连杆和风门是否平稳移动。

① 如果连杆和风门平稳移动，更换驾驶人/乘客侧模式控制电动机。

② 如果连杆或风门卡滞或受阻，则必要时进行修理。

③ 如果驾驶人/乘客侧模式控制电动机平稳运转，转至步骤4）。

4）使用数字万用表，要求量程为20kΩ时输出电流为1mA或更低。如步骤2）所述操作驾驶人/乘客侧模式控制电动机，并分别检查3、4、5、6号端子和7号端子之间是否导通。电动机运行时，各个端子都应该出现一段时间的导通。

5）如果各个端子都不出现一段时间的导通，更换驾驶人/乘客侧模式控制电动机。

（9）内循环控制电动机测试

1）将7针插接器从内循环控制电动机上断开。

注　意

将电源和搭铁线错误地连接到内循环控制电动机将导致电动机损坏。

2）如图 15-16 所示，将蓄电池电源连接到内循环控制电动机 1 号端子并将 2 号端子搭铁，内循环控制电动机应该平稳运转，且停在内循环位置。如果情况不是如此，将端子反接；内循环控制电动机应该平稳运转，且停在外循环位置。内循环控制电动机停止运转时，应立即断开蓄电池电源。

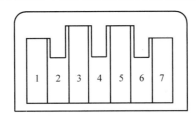

图 15-16　内循环控制电动机插接器

3）如果内循环控制电动机在步骤 2）不运转，则将它拆下，然后检查内循环控制连杆和风门是否平稳移动。

① 如果连杆和风门平稳移动，更换内循环控制电动机。
② 如果连杆或风门卡滞或受阻，则必要时进行修理。
③ 如果内循环控制电动机平稳运转，转至步骤 4）。

4）使用数字万用表，要求量程为 20kΩ 时输出电流为 1mA 或更低。如步骤 2）所述操作内循环控制电动机的运转，并分别检查 3、4、5 号端子和 7 号端子之间是否导通。电机运行时，各个端子都应该出现一段时间的导通。

5）如果各个端子都不出现一段时间的导通，更换内循环模式控制电动机。

 你学会了吗？

1. 汽车自动空调控制系统的自诊断功能有什么作用？
2. 举例说明如何使自动空调系统执行自诊断？
3. 如何测试本田讴歌自动空调系统的重要电气部件？

第 16 天　自动空调控制系统电路维修

 学习目标

1. 学习自动空调控制系统电路故障的诊断与排除方法。
2. 学会阅读自动空调控制系统电路图，并根据电路原理诊断故障。

 **维修案例**

一、起亚 k5 空调不制冷

故障现象：起亚 k5 轿车的自动空调系统不制冷。

故障诊断与排除：

起亚 k5 轿车的自动空调控制系统电路如图 16-1～图 16-3 所示。

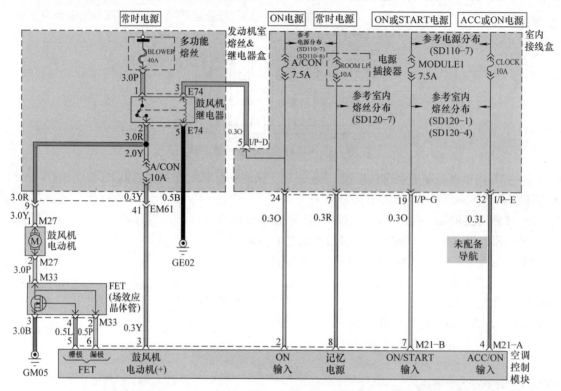

图 16-1 起亚 k5 自动空调控制系统电路图 1

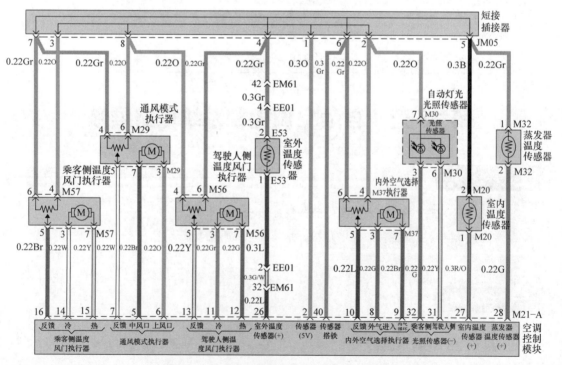

图 16-2 起亚 k5 自动空调控制系统电路图 2

第16天 自动空调控制系统电路维修

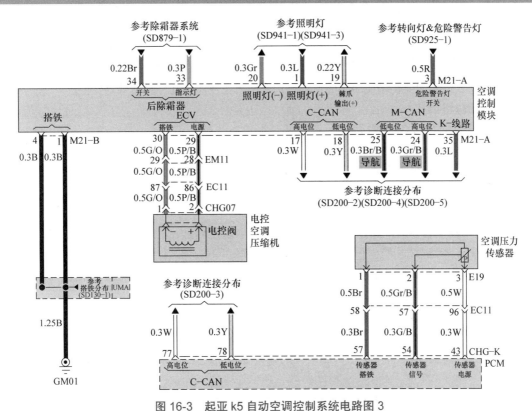

图 16-3 起亚 k5 自动空调控制系统电路图 3

1) 使用空调系统自诊断功能检测，空调 ECU 显示没有故障码，排除空调 ECU 控制部件故障。

2) 使用 GDS 检测数据流：空调电压为 0V，空调压力为 0Pa；打开空调系统时，空调压缩机处于 OFF 状态，PCM 没有接收到空调压力传感器压力信号。

3) 如图 16-4 所示，检测 PCM 插头 CHG-K 的 54 针脚，电压为 0V。空调压力传感器插头 E19 的 2 针脚（灰/黑线）到 EC11-57 针脚线路断路，PCM 没有接收到空调压力传感器压力信号，PCM 没有对 CHG-K 的 50 针脚进行占空比控制，压缩机不工作，空调不制冷。

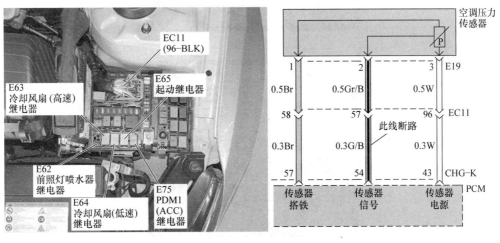

图 16-4 线路断路处

4) 更换发动机室熔丝盒及线束，再次使用 GDS 检测数据流：空调电压为 1.9V，空调压力为 1.06MPa；空调压缩机处于 ON 状态，PCM 接收到空调压力传感器压力信号，PCM 控制压缩机工作，空调制冷恢复正常。

二、福瑞迪自动空调故障

故障现象：一辆起亚福瑞迪轿车的自动空调系统，在使用十几分钟后效果变差。

故障原因分析：

1）蒸发器表面温度传感器故障。

2）空调继电器故障。

3）空调控制系统线路故障。

4）空调控制面板故障。

故障诊断与排除：

1）起动车辆开启空调系统，一开始效果很好，十几分钟后效果变差且风量减小，这时可以看到空调低压管结霜呈现雪白色，但压缩机仍在继续工作。

2）根据现象初步判断蒸发器表面温度传感器可能出现了故障，用替换法更换后故障依旧。

3）更换空调继电器，但故障依然存在。

4）连接诊断仪查看数据流，如图16-5所示。当出风口风量减小时可以看到蒸发器传感器温度为1℃，但这时压缩机还在继续工作，从而导致蒸发器霜冻结冰不出风。

5）由于是自动空调，替换了空调面板后试车。在蒸发器传感器达到5℃时，压缩机停止工作，故障排除。

空调故障时的数据流

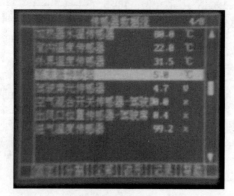

空调正常时的数据流

图16-5 福瑞迪自动空调系统数据流

三、一汽奔腾自动空调系统故障

1. 奔腾 B50 自动空调系统电路图（图 16-6 ~ 图 16-9）

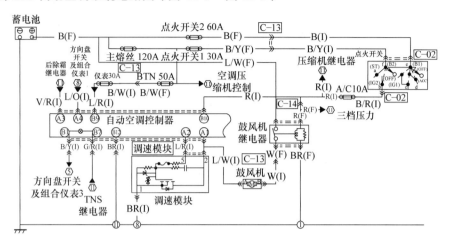

图 16-6　奔腾 B50 自动空调系统电路图 1

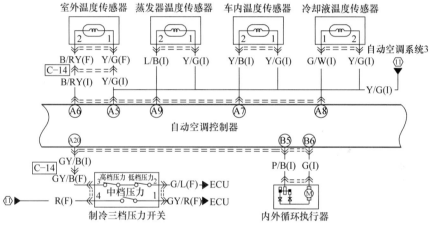

图 16-7　奔腾 B50 自动空调系统电路图 2

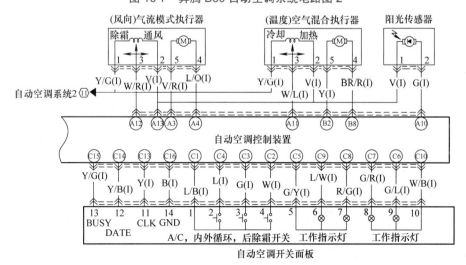

图 16-8　奔腾 B50 自动空调系统电路图 3

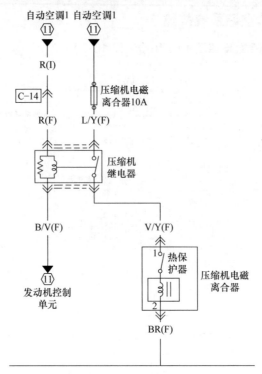

图 16-9 奔腾 B50 自动空调系统电路图 4

2. 打开点火开关后鼓风机高速运转

故障现象：一辆奔腾 B50 轿车在打开点火开关后，鼓风机高速运转。

故障分析与排除：

该车采用的是自动空调系统，鼓风机是由空调控制器控制调速模块，再由调速模块控制鼓风机负极搭铁来控制鼓风机工作的。由于该故障是打开点火开关鼓风机就高速运转，所以鼓风机电源部分可以排除。可能原因：①空调控制器故障；②调速模块故障；③鼓风机搭铁线路故障。

首先将空调控制器拆下，打开点火开关但鼓风机还是高速运转，所以空调控制器故障可以排除。再检查线路和调速模块，将调速模块拆下，打开点火开关后鼓风机不工作了。由此可以证明线路没有故障，故障部位是调速模块。更换调速模块后故障排除。

3. 开暖风时只有凉风没有暖风

故障现象：一辆奔腾 B50 轿车开暖风时只有凉风没有暖风。

故障分析与排除：

空调系统冷热温度的转换是由空调控制器根据温度调节开关设定的温度调整冷热风转换电动机至对应的位置，再由冷热风转换电动机带动联动部件及冷热风道转换翻板动作，来实现温度调整的。故障的可能原因有：

1）空调控制器故障。

2）冷热转换电动机故障。

3）线路故障。

4）冷热风道转换翻板及联动部件故障。

经过检查，故障原因为冷热风转换电动机内部故障导致冷热风不能转换。更换冷热风转换电动机后，空调系统能正常输送暖风。

4. 自动空调系统无反应

故障现象：奔腾 B50 的自动空调系统出现故障，按空调控制器的任何按键都没有反应。

故障分析与排除：

1）接车后车主反映空调系统出现故障，按任何按键都没有反应，显示屏上也没有空调开启显示，点火开关在开启或关闭位置时内循环指示灯一直亮。

2）先从简单处检查与空调有关的熔丝——仪表 30A、A/C 10A，结果都正常。

3）检查 11 号接地点也无问题（电路图参见图 16-6~图 16-9）。

4）在检查时断开电源后再安装好，空调系统恢复正常。反复调整空调的各个按键、旋钮，检查空调系统的工作情况，工作一段时间后又出现故障。

5）将蓄电池负极断开十几秒后再装上时，空调系统又恢复正常。

6）多次试验发现，按键"AUTO"有时卡在按下的位置。按键"AUTO"卡住十几秒后就有可能出现故障。当空调控制单元检测到"AUTO"开关长时间处于按下状态时，断定为故障状态，空调系统停止工作，于是出现了该故障现象。

7）更换空调控制单元后故障排除。

5. 车辆起动后空调系统不工作

故障现象：奔腾 B50 轿车在车辆起动后空调系统不工作。

故障分析与排除：

1）车辆起动后，打开空调，LCD 显示空调正常工作，发动机怠速也正常提升，冷却风扇工作正常，但鼓风机不工作，压缩机不吸合，空调系统不工作。

2）使用万用表测量鼓风机继电器 3 号和 5 号脚的电压，电压为 12.3V。短接 3 号和 5 号脚后鼓风机工作，但压缩机仍不工作。

3）测量 BCM 旁边空调系统 10A 熔丝，电压正常，但鼓风机继电器 1 号和 2 号脚电压只有 3.5V。基本可断定故障点出在 10A 熔丝后和鼓风机继电器前。查阅电路图（图 16-6~图 16-9），发现在这一段电路中，只有一个插头，为 C-14 插头。

4）拔下 C-14 插头，发现插头中有插脚不正，重新维修连接后试车，空调系统工作正常，故障排除。

四、大众速腾自动空调开启时出热风

故障现象：大众速腾 1.4T 轿车开空调一会儿后，出风口出热风，然后一会儿出冷风一会儿出热风。而且有时是一个出风口出热风，有时是多个出风口出热风。

故障分析与排除：

1）试用空调，刚开始时出冷风，但过会儿就开始出热风，而且热风的温度很高。观察空调压缩机正在工作，而且有制冷。

2）根据这种情况，初步判断故障出自空调控制系统。

3）用 VAS 6150B 检测自动空调系统，发现有一主要故障码：B10AD16，基准电压 电压过低。

4）检查空调控制单元供电线路，供电正常，但故障码 B10AD16 删除不了。

5）冷热风是由翻板电动机控制的，而控制翻板电动机的参考信号是伺服电动机电位计信号。

6）察看图 16-10 所示的空调系统电路图，发现电位计的供电与回电信号都是相通、共用的，此时怀疑线路的某一处有短路，造成基准电压不对。

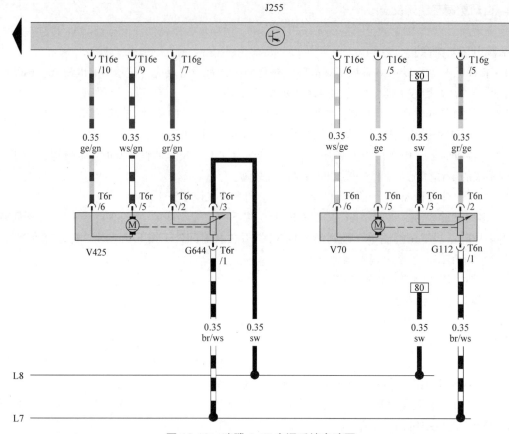

图 16-10　速腾 1.4T 空调系统电路图

J255—空调控制单元　G112—中央风门伺服电动机电位计　V70—中央风门伺服电动机

7）在外围检查没有问题的情况下，拆下仪表台，发现仪表台中部中央出风口电位计的供电线（黑色线）搭铁，如图 16-11 所示。

图 16-11　电位计黑色供电线搭铁

8）由于线路搭铁，造成电位计信号不准，伺服电动机旋转位置有变化，从而造成出风口出热风。修复线路中的导线，恢复线束后，故障排除。

你学会了吗？

1. 自动空调系统不制冷的故障原因有哪些？怎样进行诊断？
2. 鼓风机转速异常时应怎样诊断故障？
3. 空调系统送风温度异常或送风模式异常时怎么办？
4. 按空调控制器的任何按键都没有反应时怎么办？

第 17 天　半自动空调控制系统

学习目标

1. 了解半自动空调系统和全自动空调系统的区别与联系。
2. 了解电控气动半自动空调控制系统的组成与工作原理。
3. 了解电动空调控制系统的组成与工作原理，并学会阅读电动空调电路图。

基础知识

　　自动空调系统分为半自动空调系统和全自动空调系统，两者的主要差别在于是否有自诊断功能。半自动空调系统没有自诊断功能，全自动空调系统具有监控系统，监控系统的随机存取存储器（RAM）能存储诊断码，具有诊断功能。其次的差别是所用的执行机构形式和传感器数量。虽然两类系统的工作方式有所不同，但它们都设计成按预先设置的舒适程度控制车内的温度与湿度，车内保持的温度与湿度与车外的气候条件无关。

　　根据控制方式的不同，半自动空调系统又可分为电控气动半自动空调控制系统和电动半自动空调控制系统

　　1. 电控气动半自动空调控制系统

　　半自动空调内部控制系统主要由真空自动控制系统和放大器控制系统两部分组成。

　　（1）真空控制系统　如图 17-1 所示，汽车半自动空调系统的真空控制系统主要由真空罐（真空源）、真空控制器和真空执行器等组成。电控气动半自动空调与手动空调的不同之处是半自动空调增加了真空源、真空控制器和真空执行器。

　　（2）放大器控制系统　半自动电控气动汽车空调具有保持温度在预选范围内恒定的功能。放大器控制系统可根据车内温度传感器、大气温度传感器，空调器温度传感器、人工设定的调温电阻的电阻值变化，相应控制真空电磁阀（图 17-2）或温度风门执行器的信号电流大小，使真空控制器或温度风门执行器动作，达到改变气流送风模式和控制温度的目的。

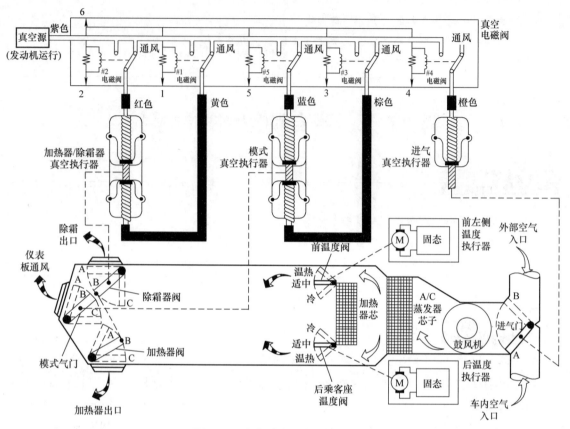

图 17-1 半自动空调真空控制系统

2. 电动空调控制系统

电动空调控制系统是一种常见的半自动空调控制系统,它与手动空调系统的差别不大,主要区别是电动空调控制系统采用控制模块和伺服电动机等带动空调执行机构,而手动空调则是通过空调面板上的旋钮、拨杆和拉索,来调整空气混合风门、送风模式风门和内外循环风门的位置。半自动空调系统通过检测空调出风口温度,调节空气混合风门的位置来达到驾驶人选择的设定温度及舒适度。驾驶人通过操作控制器总成上的按键,来选择空调系统的工作模式和鼓风机转速。

图 17-3 所示为一汽大众高尔夫 A6 轿车的半自动空调控制面板,所有暖风和空调操纵元件都经过喷涂,且带发光二极管(LED)照明。空调的按键操作方便,并在触觉上与邻近元件很协调。

驾驶人通过 AC 按键可以打开和关闭空调装置,通过电子温度旋钮人工设定期望的空气温度和送风模式。设定的温度信号通过一个与旋钮连接的电位计直接传输给空调控制单元,然后由控制单元调节温度翻板(风门)达到需要的温度。通过监控出风口温度和车内温度,半自动空调控制单元调节室内温室至设定的温度。

高尔夫 A6 电动空调系统的控制电路如图 17-4 ~ 图 17-8 所示。在该半自动空调中,预设的温度可由空调控制单元 J301 自动根据外部条件的变化进行调节控制。

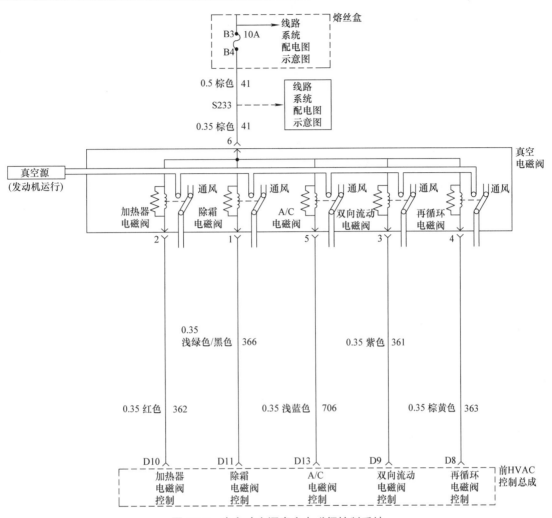

图 17-2 半自动空调真空电磁阀控制系统

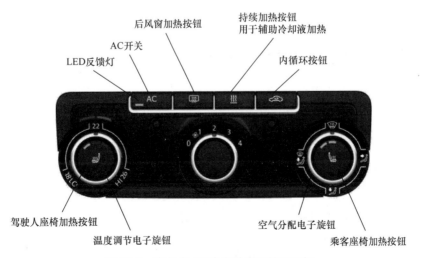

图 17-3 高尔夫 A6 半自动空调控制面板

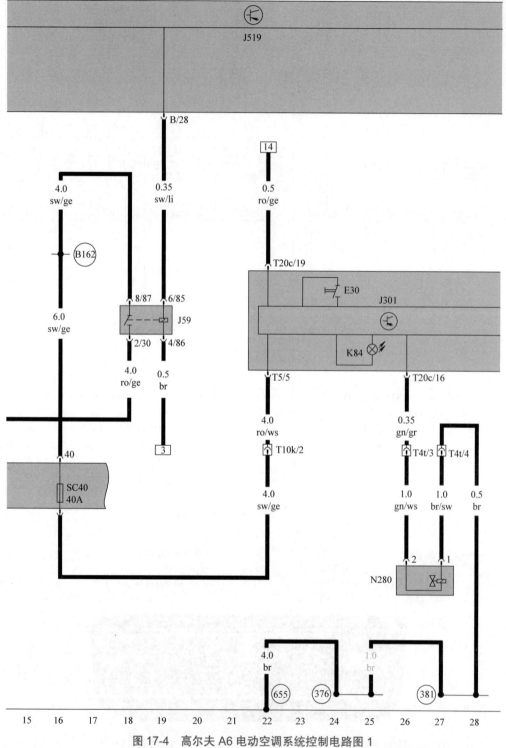

图 17-4 高尔夫 A6 电动空调系统控制电路图 1

E30—空调开关 J59—X 触点卸荷继电器（53） J301—空调控制单元
J519—车载电网控制单元 K84—空调指示灯 N280—空调压缩机调节阀

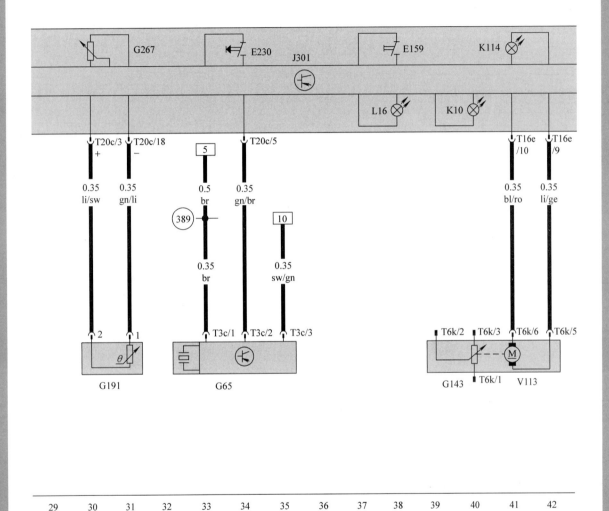

图 17-5　高尔夫 A6 电动空调系统控制电路图 2

E159—新鲜空气翻板和循环空气翻板开关　E230—加热式后窗玻璃按键
G65—高压传感器　G143—循环空气翻板伺服电动机电位计
G191—中间出风口温度传感器　G267—温度选择旋钮电位计
J301—空调控制单元　K10—加热式后窗玻璃指示灯
K114—新鲜空气和循环空气运行模式指示灯
L16—新鲜空气调节装置照明灯　V113—循环空气翻板伺服电动机

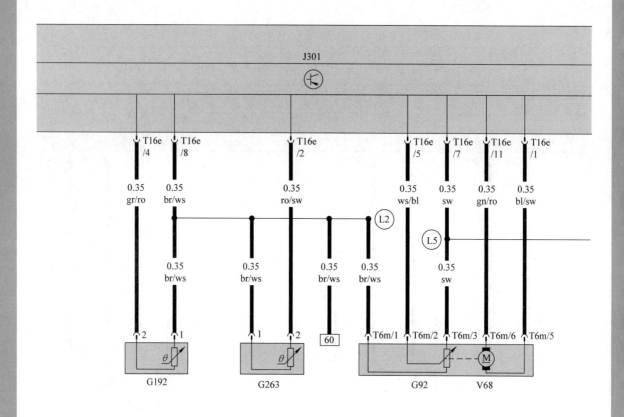

图 17-6 高尔夫 A6 电动空调系统控制电路图 3

G92—温度翻板伺服电动机电位计　G192—脚部空间出风口温度传感器
G263—蒸发器出风口温度传感器　J301—空调控制单元　V68—温度翻板伺服电动机

第 17 天　半自动空调控制系统

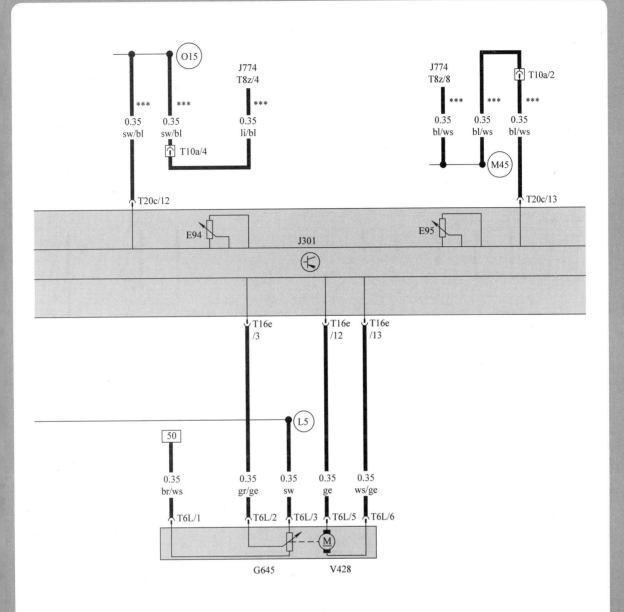

图 17-7　高尔夫 A6 电动空调系统控制电路图 4

G645—空气分配器翻板电位计　J301—空调控制单元
J774—加热式前座椅控制单元　V428—空气分配器翻板伺服电动机

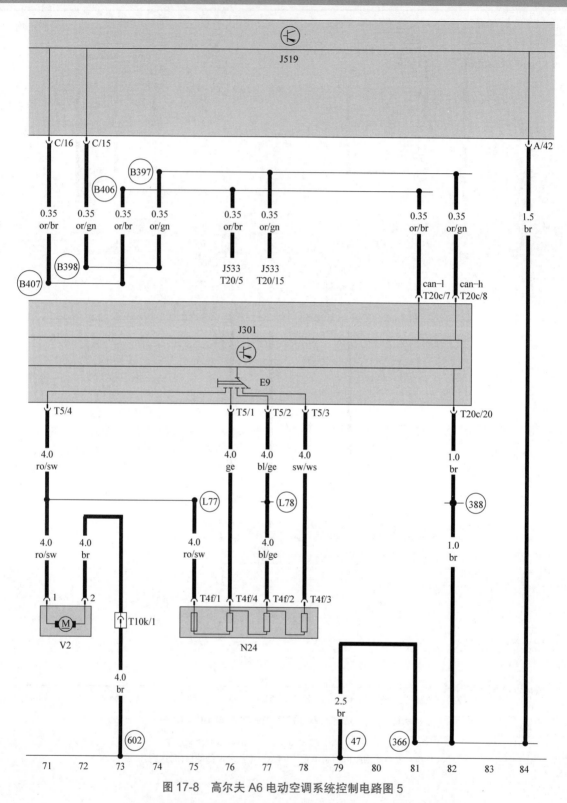

图 17-8 高尔夫 A6 电动空调系统控制电路图 5

E9—新鲜空气鼓风机开关　J301—空调控制单元　J519—车载电网控制单元
J533—数据总线诊断接口　N24—带过热熔丝的鼓风机调速电阻　V2—新鲜空气鼓风机

你学会了吗?

1. 半自动和全自动空调系统的区别与联系有哪些?
2. 电控气动半自动空调控制系统的特点是什么?
3. 电动空调控制系统的特点是什么?与全自动空调有什么联系?

第 18 天 空调使用与保养维护

1. 了解空调系统的使用注意事项和使用方法。
2. 掌握空调系统的清洗方法。
3. 了解空调系统的日常维护和定期维护内容。

一、汽车空调的使用

1. 空调使用注意事项

1) 确保系统清洁。空调的制冷系统对制冷剂循环管路清洁度要求较高, 水分、空气或其他油液等物进入制冷循环管路后, 会对系统产生较大的影响, 见表 18-1。

表 18-1 制冷系统中的异物及其影响

异物	造成的影响
水分	压缩机气门结冰；膨胀阀发生"冰堵", 紧闭不开；生成盐酸和硝酸；空调制冷部件腐蚀生锈
空气	造成系统高温高压；使制冷剂不稳定；使润滑油变质；使轴承损坏
脏物	堵住滤网, 生成酸性物, 腐蚀零件
其他油类	形成蜡或渣, 堵住滤网；润滑不良；使润滑油变质
金属碎屑	卡住或粘住运动零件（如压缩机、膨胀阀）
酒精	腐蚀锌和铝, 使铜片起麻点, 使制冷剂变质, 影响制冷效果

2) 防止空调系统受腐蚀而引起部件损坏和制冷剂泄漏, 同时避免空调系统在高温高压下运行。

3) 保护好汽车空调控制系统。

2. 空调的使用方法

1) 起动发动机时, 空调开关应处于关闭位置, 发动机熄火后, 也应关闭空调, 以免蓄电池电量耗尽。

2）防止不洁空气进入：若汽车在尘土飞扬的道路上行驶，应将空气入口置于再循环位置，以防车外灰尘进入。

3）炎热时，应将车内空气排出：若汽车在阳光下停放时间较长，车内很热时，打开空调后，应该先开窗通风，并开启外循环，把热气都排出去。等车舱内温度下降之后，再换成内循环。

4）不使用空调的季节（如冬季），也应经常开动压缩机，避免压缩机轴封处因缺油而泄漏，亦可避免压缩机驱动轴因缺油而卡死。在不使用空调的季节，每隔2~3周应使空调工作几分钟，以使系统保持良好的工作状态。

5）长距离上坡行驶时，应暂时关闭空调，以免发动机散热器开锅。

6）使用空调时，若鼓风机开在低速档，则冷风温度开关不宜调得过低，否则易使蒸发器结霜，产生风阻，而且容易引发压缩机液击现象。因此，应合理选择鼓风机的档位。

7）在空调运行时，若听到空调装置有异常响声，应立即关闭空调，并及时请专业维修人员检修。

8）空调效果较差时，应关掉空调及时检查：空调的降温效果差，表明系统工作不良，及时关掉空调可有防止故障的扩大和恶化，对保护空调和延长空调的使用寿命十分重要。

二、空调系统的清洗

汽车空调经过一段时间使用后，空调管道内沉积了不少灰尘，容易滋生细菌，也会产生霉味，危害乘员的健康，同时也影响汽车空调的制冷、制热功效。因此，需要定期对空调通风管路进行清洗。一般情况下，车辆每行驶5000km或三个月就应对空调滤清器滤芯进行一次清洁，每行驶15000km或6个月就应更换空调滤清器滤芯。此外，汽车空调冷凝器也要定期清洗。

使用空调清洗剂清洗空调系统的方法如下：

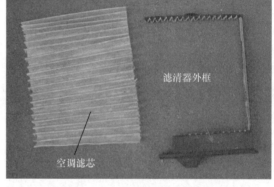

图18-1 从外框上取下空调滤芯

1）如图18-1所示，清洗前，把空调滤清器滤芯从外框上取下，再将外框装回去，防止清洗时清洗剂通过滤清器安装口流出来。

2）清洗汽车空调系统时，首先打开车门、车窗，起动发动机并使之怠速运转，开启空调并将通风模式开关置于外循环位置，将温度调节开关置于冷热中间位置，将鼓风机开关置于最高档。

3）关闭车内的所有空调出风口，避免即将喷入的空调清洗剂从出风口喷出。试着找出空调进风口吸力最大的位置（可用手或纸巾测试并找到进风口最大吸力处），然后将清洗剂喷入进风口，大约喷10s，隔几秒喷一下，直至泡沫充满进风口，如图18-2所示。

4）结束空调清洗剂的喷射后，启用空调内循环模式，使清洗剂在空调送风系统内进行内循环。

图18-2 将空调清洗剂喷入空调进风口

5）为了达到全面清洁，每个送风模式都要启用一下，确保清洗剂循环到空调系统的各个通风管道。此时，空调清洗剂及进气被"憋在"空调送风系统内,只能在空调送风系统内进行内循环,并由蒸发器排水管排出车外。

6)随着清洗过程的进行,空调送风系统内的污物,会随着清洗剂从位于汽车底盘处的蒸发器排水管排出车外。待蒸发器排水管不再有污物和泡沫排出时,可逐一打开车内的空调出风口。若有污物和泡沫由此排出,可用抹布擦拭干净。

7)待蒸发器排水管和车内的空调出风口均不再有污物和泡沫排出时,更换新的空调滤清器滤芯,或将旧空调滤清器滤芯清理干净后再装回原位,清洗工作结束。

三、空调制冷系统的日常维护

1)保持冷凝器的清洁。冷凝器的换热状况与其清洁程度有很大关系,因此应经常检查冷凝器表面有无污物、泥垢,散热片是否有弯曲或被阻塞现象。如发现冷凝器表面脏污,应及时用压缩空气或清水清洗干净,以保持冷凝器有良好的散热条件,防止冷凝器因散热不良而造成冷凝压力和温度过高,制冷能力下降。在清洗冷凝器的过程中,应注意不要把散热片碰倒,更不能损伤制冷管道。

2)保持送风通道进风口到滤清器的清洁。

3)应定期检查空调压缩机传动带的使用情况和松紧程度。

4)经常检查制冷系统各管路接头和连接部位、螺栓、螺钉是否有松动现象。

5)在春、秋或冬季不使用冷气的季节里,应每半个月起动空调压缩机一次,每次5~10min。

四、空调系统的定期维护

1)压缩机的检查和保养。主要检查进、排气压力是否符合要求,各紧固件是否松动,是否漏气等。拆开后主要检查进排气阀片是否有破损和变形现象,如有应修整或更换进排气阀总成。压缩机拆修后必须更换各密封圈和轴封,否则会造成压缩机密封处泄漏。

2)冷凝器和冷凝风扇的检查和保养。保养内容主要是彻底清扫或清洗冷凝器(图18-3)表面的杂物、灰尘,用扁嘴钳扶正和修复冷凝器的散热片,仔细检查冷凝器表面是否有异常情况,并用检漏仪检查制冷剂有无泄漏。如防锈涂料脱落,应重新涂刷,以防止生锈穿孔而泄漏。检查冷凝器冷却风扇是否运转正常,检查风扇电动机的电刷是否磨损过量。

3)蒸发器的检查和保养。一般应每年用检漏仪进行一次检漏作业,每2~3年应卸开蒸发器盖,对蒸发器内部进行清扫,清除送风通道内的杂物。

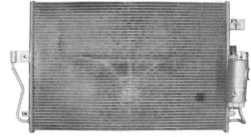

图18-3 冷凝器与储液干燥器

4)电磁离合器的检查和保养。重点检查其动作是否正常,是否有打滑现象,接合面是否磨损,离合器轴承是否严重磨损。同时,还必须用塞尺规检查电磁离合器间隙是否符合要求。

5)储液干燥器的更换。乘用车的空调在正常使用情况下,一般每3年左右更换一个储液干燥器,如因使用不当使系统进入水分后应及时更换。另外,如系统管路被打开,一般也应更换储液干燥器。

6)膨胀阀的保养。检查其动作是否正常,开度大小是否合适,进口滤网是否被堵塞,如不正常应更换或进行适当调整。

7)制冷系统管路的保养。管接头每年检查一次,并用检漏仪检查其密封情况。检查硬管是否与其他部件相碰，软管是否有老化、裂纹现象，一般每 3~5 年更换软管。

8）驱动机构的检查和保养。V 带每使用 100h 检查一次张紧度和磨损情况，使用三年左右应更换新品。张紧轮及轴承每年检查一次，并加注润滑油。

9）冷冻油的更换。一般每两年左右检查或更换，对于管路有较大泄漏时，应及时检查或补充冷冻油。

10）安全装置的检查与更换。高压开关、低压开关、冷却液温度开关等关系到空调系统是否能安全、可靠地工作的安全装置，一般应每季检查一次，每五年更换一次。

11）怠速提升装置应每年检查和调整一次。

五、空调滤清器的维护

空调滤清器可防止污染物进入驾驶室并净化室内空气。空调滤清器安装在杂物箱后面，位于暖风总成中，在鼓风机和蒸发器之间。如出风口风量比以前小或在外循环模式时车内容易起雾，且车内有异味等，需及时更换空调滤清器。

对空调滤清器的更换、维护要求如下：

1）车辆每行驶 5000km 或 7500km 清洁或更换；15000km 时更换。
2）对空调滤清器经常清洁有利于使空调系统保持良好的工作状态。

1）如车辆长时间在大气污染严重的地方或非铺装道路上行驶，要随时对空调滤清器进行检查和清理且缩短更换周期。

2）如操作不当，可能损坏空调系统的其他部件。这时，需要及时更换故障部件。

1. 怎样正确使用汽车空调系统？
2. 汽车空调使用一段时间后为什么会有异味？空调系统的清洗方法是怎样的？
3. 汽车空调制冷系统的日常维护内容有哪些？
4. 汽车空调系统的定期维护内容有哪些？什么时候清洁或更换空调滤清器滤芯？

第 19 天　空调系统的检查

学习目标

1. 掌握空调制冷循环回路压力的检查方法。
2. 学习空调系统噪声的检查与排除方法。
3. 了解空调系统故障排除前的检查内容。
4. 学会通过制冷管路上的视液镜来判断制冷系统的工作情况。

 **实际操作**

一、空调制冷循环回路压力的检查

1）如图 19-1 所示，将空调制冷剂加注机上的红色高压管快速接头②连接到空调高压接口，绿色低压管快速接头①连接到空调低压接口。

2）打开快速接头①和②上的连接阀门。

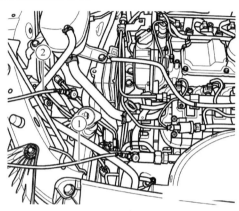

图 19-1　连接制冷管路

3）起动发动机，按下空调 A/C 开关，让空调系统运行 2min。

4）观察高、低压仪表的压力值，看是否符合表 19-1 中的技术标准。

表 19-1　高、低压管路压力数据表

发动机转速	低压管路压力	高压管路压力
怠速	0.1~0.25MPa	1.3~1.7MPa
2000r/min	0.25~0.35MPa	1.4~1.75MPa

二、空调系统噪声的检查

空调系统噪声检查有助于确定空调系统异常噪声的来源。

1）检查前罩板进气口格栅是否有碎屑。如果有碎屑，将其清除。

2）坐在车内，关闭车门和车窗，将点火开关转至 ON 位置，但不要起动发动机。在所有鼓风机转速和所有空气分配模式下循环 HVAC 系统，以便确定噪声点和噪声出现的时间。

3）在发动机和空调关闭时以各个转速操作鼓风机，检查是否有异常噪声和过多振动。如果出现噪声和振动，进行以下检查：

① 如果仅在某一特定模式或设置时出现噪声或振动，检查以下各项：

a）模式控制拉索、风门和连杆的操作。

b）空气混合控制拉索、风门和连杆的操作。

c）内循环控制拉索、风门和连杆的操作。

② 如果有啸叫声或咔嗒声，但没有异常振动，则更换鼓风机电动机。

③ 拆下鼓风机单元，检查鼓风机电动机和风扇中是否有异物（树叶或小树枝）。如果有异物，

清除异物,并重新检查是否有噪声。如果没有发现任何异物,拆下鼓风机电动机,并检查以下各项:

  a)检查风扇叶片是否有裂纹或破损。
  b)确保风扇固定器紧固。
  c)检查鼓风机电动机轴上的风扇定位。

如果出现任何故障,则更换鼓风机电动机。

4)按下述方法设置车辆以便运行空调检查:

①选择安静的区域进行测试。
②施加驻车制动。
③将车辆档位换至 P 或 N 位置(A/T)或空档(M/T)。
④起动发动机。
⑤将温度控制旋钮设置为 MAX COOL(最冷位置)。
⑥将模式控制旋钮转至 VENT(通风)。
⑦将风扇开关设置为最小(但不是关闭)。
⑧空调开关转至 ON 位置。

打开和关闭空调压缩机数次以便清晰地识别空调压缩机工作的声音。当空调压缩机离合器接合和分离时,倾听是否有噪声。使用听诊器查听空调系统以便确定噪声源。

> **注 意**
>
> 当空调压缩机离合器接合或分离时,如果噪声未发生变化,则噪声可能由与发动机相关的部件引起。使用听诊器查听发动机区域以便确定噪声源。

5)将点火开关转至 LOCK 位置,检查传动带是否过度磨损、机油污染或布线不当。修正所有发现的问题。起动发动机,运行空调系统,检查噪声是否来自于传动带或任意带轮。修理或更换所有故障部件。

6)倾听噪声是否来自空调管路、空调软管、空调冷凝器、蒸发器、储液器/干燥器或膨胀阀,并检查以下项目:

①由空调部件接触其他部件或车身引起的噪声。根据需要重新布线或使空调部件绝缘,并重新检查是否有噪声。

②空调部件或安装硬件松动、损坏或过度磨损。修理或更换故障部件或硬件,并重新检查是否有噪声。

③空调吸液管路发出轰鸣声。如果有轰鸣声,检查系统冷冻油加注。如果冷冻油加注正常,更换储液器/干燥器干燥剂。

7)检查空调压缩机离合器的操作:

①确保空调压缩机离合器可接合而不打滑。如果离合器未接合,进行空调压缩机离合器电路故障排除。如果空调压缩机离合器打滑,更换整个离合器总成。

②确保空调压缩机离合器分离。如果离合器未分离,进行空调压缩机离合器检查。如果空调压缩机离合器打滑,更换空调压缩机。

③确保空调压缩机离合器正常循环。如果空调压缩机离合器快速循环,由于存在泄漏,空调

系统可能冷冻油液量少。进行冷冻油泄漏检查。如果冷冻油加注正常,且不存在泄漏,对空调压缩机离合器电路进行故障排除。

8)用听诊器查听空调压缩机的噪声,并检查确认以下各项:

① 当空调压缩机离合器分离时,噪声发生变化。当空调压缩机离合器分离时,如果噪声未发生变化,则噪声可能由与发动机相关的部件引起。使用听诊器查听发动机区域以便确定噪声源。

② 空调系统工作压力正常。如果系统压力异常,通过空调系统测试中的压力测试排除故障。修正与压力相关的故障,并重新检查是否有噪声。

③ 空调压缩机软管连接、安装托架盒紧固件状态良好。如果任意部件丢失、损坏或过度磨损,修理或更换故障部件,并重新检查是否有噪声。如果这些部件状态良好,但仍存在噪声,则更换空调压缩机。

三、空调系统故障排除前的检查

在对空调系统进行故障排除之前,除进行噪声检查外,还应执行以下检查内容:

1)检查并确认风窗玻璃底部的 HVAC 进气稳压室未被树叶或碎片堵塞。除去所有堵塞物。

2)检查空调管路和软管是否扭曲或弯曲过度(因为这样会大幅降低系统性能)。如果有空调管路和软管扭曲或弯曲,将其更换。

3)检查空调部件、压力管路和软管是否脏污,如图 19-2 所示。若有脏污则表示存在冷冻油泄漏。如果有任何泄漏迹象,则进行冷冻油泄漏检查以便确认是否存在泄漏。

4)检查传动带是否损坏或存在打滑迹象。如果传动带损坏或存在打滑迹象,将其更换并重新检查。

5)检查空调冷凝器的散热片是否有异物堵塞(污垢、昆虫等)。如果空调冷凝器堵塞或受限制,用水和清洁剂仔细清除空调冷凝器散热片的异物。确保空调冷凝器完全干燥。

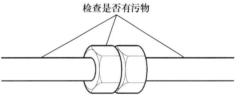

图 19-2 检查空调管路是否脏污

6)检查空调冷凝器散热片是否损坏(散热片弯曲)。如果空调冷凝器任意散热片弯曲,试着将其拧直。进行冷冻油泄漏检查以便检查空调冷凝器是否有任何可视损坏。如果空调冷凝器泄漏或无法使散热片变直,更换空调冷凝器。

7)起动发动机,打开空调系统,让其运行几分钟,达到稳定工作状态。

8)检查并确认在风扇控制开关的每个位置(除 OFF 位置外),空调都能运行。如果空调在所有风扇控制开关位置都不能运行,则需要对空调电气系统进行诊断。

9)如图 19-3 所示,检查空调压缩机离合器电枢盘 A 是否吸合,并且转速与带轮相同。如果空调压缩机离合器未正确接合,则要排除空调压缩机离合器的电路故障。

10)当空调压缩机离合器接合并向发动机室内送风时,检查并确认空调冷凝器风扇 B 和散热器风扇 C 都能运行。如果一个或两个风扇工作不正常,参考症状排除故障。

11)打开和关闭空调时,以及空调压缩机离合器接合和分离时,检查并确认发动机怠速转速正确保持。

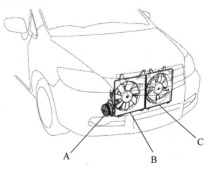

图 19-3 检查压缩机离合器及冷却风扇

四、通过视液镜判断制冷系统工况

空调制冷系统的视液镜大多安装在储液干燥器上（图 19-4），有的安装在储液干燥器到膨胀阀之间或冷凝器到储液干燥器之间的管路上。从视液镜判断制冷系统工况要在发动机运转、空调制冷系统工作时才能进行。

通过检查制冷剂量，可分析判断空调系统的工作情况。选择气温高于 20℃的天气，低速运转发动机，温度控制开关在最冷（COOL）位置，鼓风机控制开关在最高（HI）位置，进气控制开关在内循环（REC）位置，打开空调（A/C）开关，使发动机以

图 19-4 储液干燥器上的视液镜（观察窗）

1500r/min 的转速运转 5min 左右，然后从视液镜观察制冷剂流动情况。视液镜上可能出现的迹象如图 19-5 所示。

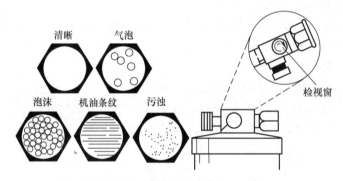

图 19-5 视液镜上可能出现的迹象

1）孔内清晰透明，转速稳定时无气泡出现，转速变化的瞬间，偶尔出现气泡，关闭空调后随即起泡，然后渐渐消失；进出口两侧有温差，高压侧热，低压侧凉，说明制冷剂量适中。

2）看不到气泡，高低压侧温差明显，即使环境温度在 20℃以上，关闭空调后也无气泡出现，说明制冷剂加注过量，应放出多余的制冷剂。

3）有气泡且泡沫不断流过，说明制冷剂存量不足。如果泡沫很多，说明系统内可能有空气。若判断为制冷剂存量不足，则要查明原因，不要随便补充制冷剂。

4）看到连续不断的气泡，高低压两侧几乎无温差，说明制冷剂严重不足。

5）看不到气泡，高低压两侧毫无温差，说明制冷系统内完全没有制冷剂。

6）有长串油纹，观察孔的玻璃上有条纹状的油渍，说明冷冻油量过多。

你学会了吗？

1. 怎样检查空调制冷循环回路压力？
2. 空调系统噪声的可能来源部位有哪些？
3. 排除空调系统故障前，应先对汽车空调进行哪些检查？
4. 空调系统运行时，怎样通过视液镜判断制冷系统工况？

第 20 天　空调系统的测试

学习目标

1. 了解空调系统测试的作用和方法。
2. 了解空调系统测试参数的变化规律和大概规定范围。
3. 了解压力测试结果对应的相关症状和可能故障原因。

实际操作

一、性能测试

对汽车空调系统进行性能测试有助于确定空调系统是否在规定情况下工作。我们经常进行送风温度和进风温度、高压侧压力与进风温度、低压侧压力与进风温度之间的测试，测试结果又与空气湿度有关。测试实验的设定方法如下：

1）进行空调系统检查，并修正所有发现的问题。

2）将一个 R134a 冷冻油回收/循环/加液站连接到高压检修口和低压检修口上，以便于采集空调管路压力参数。

3）确定相对湿度和空气温度。

4）打开杂物箱，拆下两侧的杂物箱挡块，然后将杂物箱挂在下面。

5）如图 20-1 所示，在中央通风口上插一个温度计 A，该温度计用来采集空调送风温度。

6）将另一个温度计 B 放在鼓风机单元内循环进气管附近，该温度计用来采集空调进风温度。

7）设置测试条件：

① 使车辆远离直射阳光，让其冷却至环境温度。如有必要，清洗车辆以便让其更快冷却。

② 环境温度必须至少为 16℃。

③ 打开发动机盖。

④ 打开前车门。

⑤ 将温度控制旋钮设置为最冷，模式控制旋钮设置为通风，内循环控制开关设置为内循环。

⑥ 将空调开关转至 ON 位置，并将鼓风机 ON/OFF 开关转至 Max（最大）位置。

⑦ 将发动机转速保持为 1500r/min。

⑧ 车内没有驾驶人或乘客。

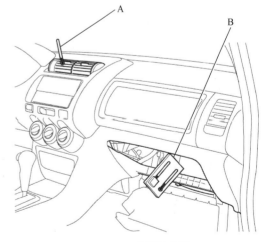

图 20-1　设置温度计

8）检查空调部件是否有以下状况：空调压缩机离合器未接合；结霜区域异常；异常噪声。如果观察到这些情况，则要排除这些故障。

9) 在上述测试条件下运行空调 10min 后，读取中央通风口上温度计的出风温度和鼓风机单元附近的进气温度以及空调仪表中高、低压侧的系统压力。

10) 按下述方法记录通风口（出风）/环境空气（进风）温度测试结果（图 20-2）：

① 在纵轴上标记通风口（出风）温度。

② 在水平轴上标记环境空气（进风）温度。

③ 从环境空气（进风）温度标记开始画一条纵轴。

④ 从通风口（出风）温度标记开始画一条水平线直至与纵轴相交。

注 意

通风口温度和环境温度应该在阴影区域内相交。如果某一测量值不在该区域内，则表明需要进一步的检查。

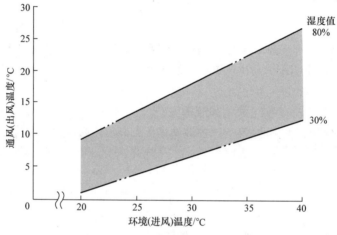

图 20-2　出风/进风温度测试图谱

11) 按下述方法记录高压侧（排液）压力/环境空气（进风）温度测试结果（图 20-3）：

① 在纵轴上标记高压侧（排液）压力。

② 在水平轴上标记环境空气（进风）温度。

③ 从环境空气（进风）温度标记开始画一条纵轴。

④ 从高压侧（排液）压力标记开始画一条水平线直至与纵轴相交。

注 意

高压侧压力和环境温度应该在阴影区域内相交。如果某一测量值不在该区域内，则表明需要进一步的检查。

12) 按下述方法记录低压侧（吸液）压力/环境空气（进风）温度测试结果（图 20-4）：

① 沿着纵轴标记低压侧（吸液）压力。

② 沿着水平轴标记环境空气（进风）温度。

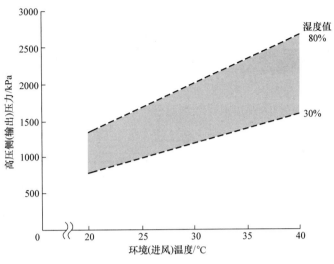

图 20-3 高压侧压力 / 进风温度测试图谱

③ 从环境空气（进风）温度标记开始画一条纵轴。
④ 从低压侧（吸液）压力标记开始画一条水平线直至与纵轴相交。

> **注 意**
>
> 低压侧压力和环境温度应该在阴影区域内相交。如果某一测量值不在该区域内，则表明需要进一步的检查。

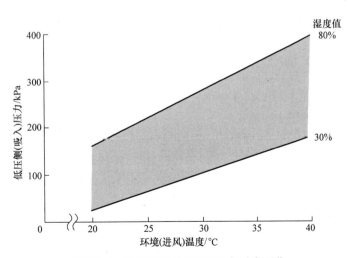

图 20-4 低压侧压力 / 进风温度测试图谱

二、压力测试

空调系统压力测试对照见表20-1。

表20-1 空调系统压力测试对照

测试结果	相关症状	可能原因
驾驶人和乘客侧空调通风口温度可能变化约11℃或更多	吸液压力可能很低	1）冷冻油加注不足 2）膨胀阀未完全打开
排液压力异常高	喷水冷却空调冷凝器时，排液压力降低	冷冻油明显加注过量
	通过空调冷凝器的气流受限/变弱	1）空调冷凝器脏污或散热片损坏 2）空调冷凝器和散热器之间有碎屑 3）一个或多个冷却风扇故障
输出压力异常低	1）压缩机停止工作后，吸液和排液压力立即趋于平衡 2）吸液压力高于正常值	空调压缩机排放阀或密封件故障
吸液压力异常低	气流弱或不足	鼓风机进气或粉尘滤清器堵塞
	由于湿气在膨胀阀节流孔内凝结，吸液压力从正常近似值变为真空	1）系统中有湿气 2）膨胀阀故障
	1）通风口的气流减少 2）通风口温度很低	1）蒸发器上结霜 2）蒸发器温度传感器故障 3）膨胀阀或压缩机继电器故障
吸液压力异常高	1）当"内循环"气流切换为"新风"时，在1500r/min变化时吸液压力轻微缺乏 2）排液压力近似正常值	膨胀阀卡在打开位置或打开时间过长
吸液和排液压力异常高	冷却风扇打开时，纸张没有粘在空调冷凝器表面正前方	一个（或两个）冷却风扇电动机不工作或线束反接
	1）循环结束时，压缩机离合器保持接合 2）限压阀可能打开	1）压缩机离合器间隙不够 2）压缩机继电器或电路故障 3）系统中空气过量
吸液和排液压力异常低	膨胀阀至压缩机的吸液管路不冷	冷冻油加注很不足
	当"内循环"气流切换为"新风"时，在1500r/min变化时吸液压力轻微缺乏	膨胀阀被碎屑/干燥剂堵塞，卡在关闭位置或未完全打开
	空调冷凝器进液管至出液管的温度下降超过10~16℃	空调冷凝器内部通道堵塞或受限或管路/部件限制冷冻油流动
	空调管路高压侧或低压侧或部件存在明显温度差 注意：某些限制可能不显示直至3000r/min	空调吸液或排液管路或部件受限（检查温度以排除问题）

(续)

测试结果	相关症状	可能原因
吸液压力高且排液压力低	1）空调压缩机噪声过大 2）压缩机关闭后，压力立即趋于平衡并且伴有噪声	空调压缩机内部损坏（检查空调系统是否有碎屑污染物）
吸液和排液压力正常（或近似于正常值）	通风口温度过高	1）冷冻油加注略有不足 2）系统中冷冻油过量 3）空气混合风门卡滞、失调或不工作
	空调系统趋于平衡时，稳压较高（发动机关闭4~12h后）	1）系统中有空气/未冷凝的气体 2）冷冻油污染或型号错误

你学会了吗?

1. 空调系统测试有什么作用，包括哪些测试项目？
2. 进行空调系统测试前怎样进行设置？
3. 空调进风温度和送风温度有着什么样的关系？
4. 当空调进风温度变化时，空调高低压侧的压力将会怎样变化？

第 21 天　空调系统重要部件的更换

学习目标

1. 学会拆卸和更换汽车空调压缩机。
2. 学习蒸发器、膨胀阀、冷凝器、储液干燥器的更换方法。
2. 掌握空调控制单元和控制电动机的拆卸和安装方法。

实际操作

空调系统的某些部件出现故障时，需要进行拆卸和更换。下面以本田讴歌为例，介绍重要部件的更换方法。

一、空调压缩机的更换

汽车的空调压缩机在高温高压且振动很大的环境下工作，容易产生故障。当空调压缩机的内部结构出现问题时，需要进行更换。当发动机需要大修，在拆下发动机总成之前，也需要先拆下空调压缩机。

> **注意**
>
> 在没有完全确认空调制冷系统未被污染前,不得将空调压缩机安装到系统中。将空调压缩机安装到污染的系统中将导致空调压缩机过早出现故障。

1)如果空调压缩机勉强可以工作,怠速运转发动机,并使空调工作几分钟,然后关闭发动机。

2)使用回收/循环/加注机回收制冷剂。

3)拆下空调压缩机传动带。

4)拆下冷凝器风扇护罩。

5)断开空调压缩机离合器插接器A。拆下螺栓和螺母,然后将吸入软管B和输出软管C从空调压缩机上断开。拆下O形圈D,断开吸入软管和输出软管后,应立即将它们塞住或盖上,以免湿气和灰尘污染物进入,如图21-1所示。

6)拆下压缩机安装螺栓和空调压缩机A,如图21-2所示。拆下压缩机时,小心不要损坏散热器散热片。

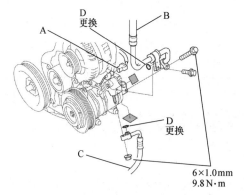
图21-1 断开空调压缩机上的插接器和管路

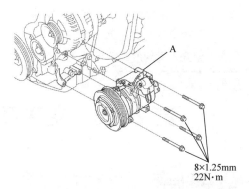
图21-2 拆下空调压缩机

7)按照与拆卸相反的顺序安装空调压缩机,并注意以下事项:

① 检查空调管路是否有污染痕迹。

② 在每个接头处换上新的O形圈,并在安装前涂上一层薄薄的冷冻油。确保使用正确的R134a的O形圈,以避免泄漏。

③ 仅使用HFC-134a空调压缩机冷冻油(DENSO ND-OIL 8)。

④ 为避免污染,不要将用过的冷冻油回收到容器中,且不要与其他冷冻油混合。

⑤ 添加冷冻油后,应立即重新安装容器盖并将其密封,以免受潮。

⑥ 不要让冷冻油溅到车辆上,否则可能损坏油漆。如果冷冻油溅到油漆上,应立即将其清洗掉。

⑦ 安装压缩机和空调冷凝器风扇护罩时,小心不要损坏散热器散热片。

⑧ 给制冷系统加注制冷剂。

二、蒸发器芯的更换(本田飞度)

1)使用制冷剂回收/加注设备回收制冷剂。

2）打开发动机盖，拆下风窗玻璃下的前罩板和前罩下板，以便后面拆卸空调管路。

3）拆下空气滤清器。

4）从空调管路卡夹 A 上拆下螺栓，如图 21-3 所示。

5）打开卡夹 A，然后拆下空调管路 B，如图 21-4 所示。

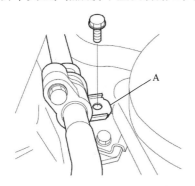 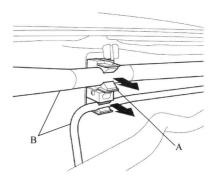

图 21-3　拆下卡夹固定螺栓　　　　图 21-4　从卡夹上拆下管路

6）拆下鼓风机单元。

7）拆下管路连接螺栓，然后从蒸发器芯上断开空调管路 A 并拆下 O 形圈 B，如图 21-5 所示。

8）从蒸发器温度传感器和鼓风机电阻上断开插接器 A，然后拆下插接器卡扣 B。拆下自攻丝螺钉、膨胀阀盖 C 和密封件 D，如图 21-6 所示。

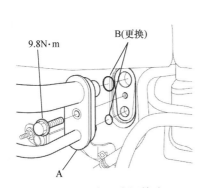 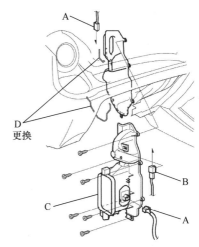

图 21-5　断开空调管路　　　　图 21-6　拆下蒸发器外部密封部件

9）小心地拉出蒸发器芯总成 A，不要弯曲管路，然后拆下板 B，如图 21-7 所示。

10）从蒸发器芯上拉出蒸发器温度传感器 A，如图 21-8 所示。

11）将蒸发器温度传感器安装在蒸发器芯中，并注意安装到原位置的相邻散热片处（将传感器重新装入原蒸发器芯中时，此处的散热片可能变形）。

12）按照与拆卸相反的顺序安装蒸发器芯，并注意以下事项：

① 如果安装一个新的蒸发器芯，添加冷冻油。

② 在每个接头处换上新的 O 形圈，并在安装前涂上一层薄薄的冷冻油。确保使用 R134a 制冷系统的 O 形圈，以避免泄漏。

③ 添加冷冻油后，应立即重新安装容器盖并将其密封，以免受潮。

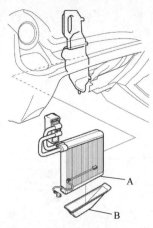

图 21-7 拉出蒸发器芯总成

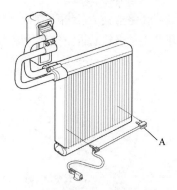

图 21-8 拉出蒸发器温度传感器

三、膨胀阀的更换

1)按上述步骤拆下蒸发器芯。

2)从管 C 上拆下螺栓、O 形圈 A 和膨胀阀 B,如图 21-9 所示。

3)按照与拆卸相反的顺序安装膨胀阀,并注意上述事项(同更换蒸发器芯)。

四、冷凝器的更换

1)使用制冷剂回收/加注设备回收制冷剂。

2)拆下前保险杠以便拆卸冷凝器。

3)拆下螺母,然后从冷凝器上断开排液软管 A,从排液软管上拆下 O 形圈 B,如图 21-10 所示。

4)拆下螺栓,然后将储液器管 A 从冷凝器上断开,从储液器管上拆下 O 形圈 B,如图 21-11 所示。

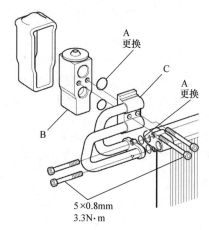

图 21-9 拆下膨胀阀

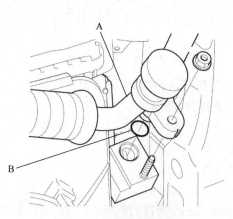

图 21-10 断开排液软管

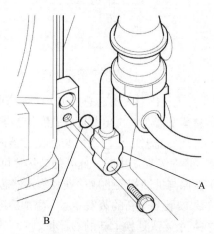

图 21-11 断开储液器管

5)拆下螺栓 A,断开插接器 B 并拆下喇叭 C。如果配有高音喇叭 D,则将其拆下,如

图 21-12 所示。

6）拆下螺栓 E 和托架 F。

7）如图 21-13 所示，提升空调冷凝器 A 并将其拆下，并注意：

①不要抓住上密封件 B。

②拆下空调冷凝器时，小心不要损坏散热器和空调冷凝器散热片。

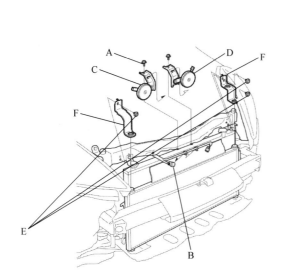

图 21-12 拆下冷凝器托架

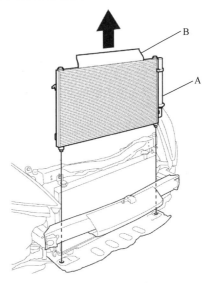

图 21-13 向上提出冷凝器

8）按照与拆卸相反的顺序安装空调冷凝器。

五、储液干燥器的更换

> **注 意**
>
> 尽可能快地安装储液器干燥器，以防止空气中的湿气进入系统。

1）按上述步骤拆下空调冷凝器。

2）将螺栓从冷凝器上拆下，然后拆下储液干燥器 A、托架 B 和 O 形圈 C，如图 21-14 所示。

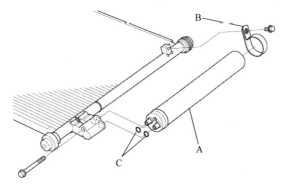

图 21-14 从冷凝器上拆下储液干燥器

3）按照与拆卸相反的顺序安装储液干燥器。换上一个新的 O 形圈，并在安装之前涂上一层薄薄的冷冻油。确保使用正确的 O 形圈，以避免泄漏。

六、气温控制单元（空调控制单元）的拆卸与安装

1）拆下乘客侧仪表板底盖。

2）断开插接器 A，拆下螺栓 B 和气温控制单元 C，如图 21-15 所示。

3）按照与拆卸相反的顺序安装气温控制单元。完成安装后，测试各种功能以确保它们都能正常工作。

4）运行自诊断功能以确认系统中没有故障。

七、内循环控制电动机的更换

1. 拆卸方法

1）拆下乘客侧仪表板底盖。

2）拆下杂物箱。

3）拆下气温控制单元。

4）将 7 针插接器 A 从内循环控制电动机 B 上断开，将自攻丝螺钉和内循环控制电动机从鼓风机单元上拆下，如图 21-16 所示。

2. 安装方法

1）确保能通过孔看到电动机拉杆上的减振器拉杆销，如图 21-17 所示。

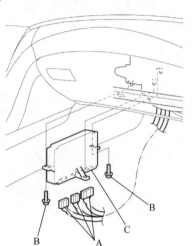

图 21-15 拆下气温控制单元

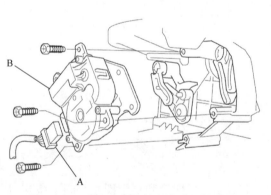

图 21-16 断开内循环控制电动机插接器

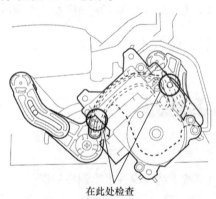

图 21-17 检查电动机安装位置

2）固定内循环控制电动机，安装自攻丝螺钉并连接插接器。

3）重新安装气温控制单元。

4）安装后，确保电动机平稳运转。

八、驾驶人侧空气混合控制电动机的更换

1）拆下驾驶人侧仪表板底盖。

2）拆下自攻丝螺钉、空气软管 A 和驾驶人侧加热器管 B，如图 21-18 所示。

3）如图 21-19 所示，将 7 针插接器 A 从驾驶人侧空气混合控制电动机 B 上断开。将自攻丝螺钉和驾驶人侧空气混合控制电动机从加热器单元上拆下。

4）按照与拆卸相反的顺序安装电动机。确保电动机上的销与连杆正确啮合。安装后，确保电动机平稳运转。

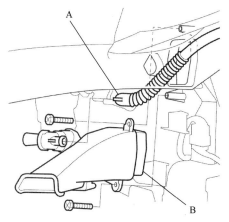

图 21-18　拆下空气软管和加热器管

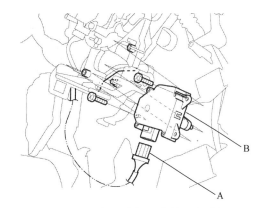

图 21-19　拆下空气混合控制电动机

九、乘客侧空气混合控制电动机的更换

1）拆下乘客侧仪表板底盖。

2）拆下杂物箱。

3）从线束夹 A 上松开线束，然后拆下自攻丝螺钉和乘客侧加热器管 B，如图 21-20 所示。

4）如图 21-21 所示，从功率晶体管上断开 5 针插接器 A，并从乘客侧空气混合控制电动机 C 上断开 7 针插接器 B。将自攻丝螺钉和乘客侧空气混合控制电动机从加热器单元上拆下。

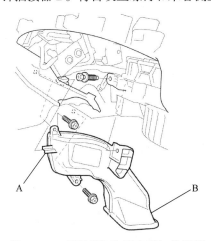

图 21-20　拆下螺钉和乘客侧加热器管

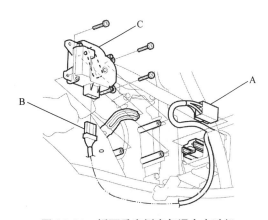

图 21-21　拆下乘客侧空气混合电动机

5）按照与拆卸相反的顺序安装电动机。确保电动机上的销与连杆正确啮合。安装后，确保电动机平稳运转。

十、驾驶人侧模式控制电动机的更换

1）拆下驾驶人侧仪表板底盖。

2）如图 21-22 所示，将 7 针插接器 A 从驾驶人侧模式控制电动机 B 上断开。将自攻丝螺钉和驾驶人侧模式控制电动机从加热器单元上拆下。

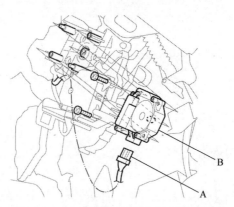

图 21-22 拆下驾驶人侧模式控制电动机

3）按照与拆卸相反的顺序安装电动机。确保电动机上的销与连杆正确啮合。安装后，确保电动机平稳运转。

十一、乘客侧模式控制电动机的更换

1. 拆卸

拆卸电动机前，将乘客侧气温控制设置在通风位置。

1）拆下乘客侧仪表板底盖。
2）拆下杂物箱。
3）拆下杂物箱架。
4）从线束夹 A 上松开线束，然后拆下自攻丝螺钉和乘客侧加热器管 B，如图 21-23 所示。
5）如图 21-24 所示，将 7 针插接器 A 从乘客侧模式控制电动机 B 上断开。从线束夹 C 上松开线束，然后从加热器单元上拆下自攻丝螺钉和乘客侧模式控制电动机。

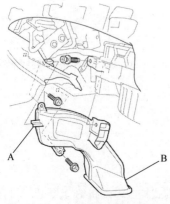

图 21-23 拆下乘客侧加热器管

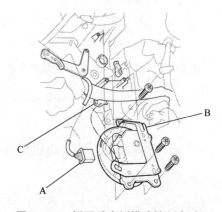

图 21-24 拆下乘客侧模式控制电动机

2. 安装

1）松开锁片 A，然后从模式控制电动机 C 上拆下电动机拉杆 B，如图 21-25 所示。

> **注意**
>
> 安装模式控制电动机前，保护 7 针插接器，并将乘客侧气温控制模式设置为通风模式。检查电动机输出轴是否如图 21-25D 所示排列。

2）对准减振器拉杆销 A，然后安装电动机拉杆 B，如图 21-26 所示。

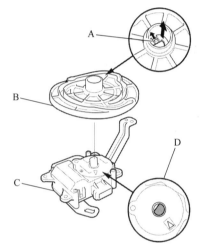

图 21-25　拆下电动机拉杆 B

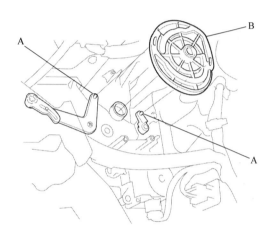

图 21-26　安装电动机拉杆 B

3）确保能通过孔看到电动机拉杆上的减振器拉杆销，如图 21-27 所示。
4）握住电动机拉杆 B 时安装模式控制电动机 A，如图 21-28 所示。
5）安装后，确保电动机平稳运转。

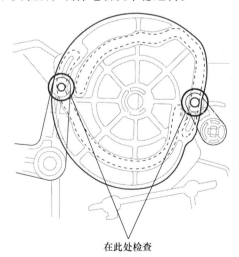

图 21-27　确定安装位置

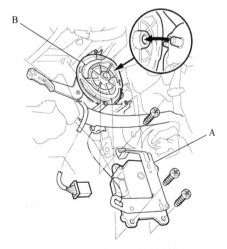

图 21-28　安装模式控制电动机

1. 怎样拆下汽车空调压缩机？
2. 怎样更换蒸发器、膨胀阀、冷凝器、储液干燥器？
3. 自动空调控制电动机的一般拆卸和安装方法是怎样的？

第 22 天　制冷系统抽真空及制冷剂的回收与加注

1. 了解歧管压力表、制冷剂注入阀的结构和工作原理。
2. 掌握空调制冷系统的抽真空方法。
3. 学会使用制冷剂回收加注机回收和重新加注制冷剂。
4. 学会使用歧管压力表给空调系统充注制冷剂。

基础知识

一、歧管压力表

歧管压力表也称压力表组，是维修汽车空调制冷系统必不可少的工具。它与制冷系统相接可以检测压力、排空、抽真空、充注制冷剂、加冷冻油及诊断制冷系统故障等。

1. 歧管压力表的结构

如图 22-1 所示，歧管压力表由 1 个表座、2 个压力表（低压表和高压表）、2 个手动阀（低压手动阀和高压手动阀）、3 个软管接头和 3 根橡胶软管（一个接低压维修阀、一个接高压维修阀，余下一个接制冷剂罐或真空泵吸入口或制冷剂回收装置）组成。

工作时，高、低压接头分别通过软管与压缩机高、低压维修阀相接，中间接头与真空泵或制冷剂钢瓶相接，分别完成检测压力、抽真空、充注制冷剂及排空回收操作等工作。低压表用于检测制冷系统低压侧的压力，既可以

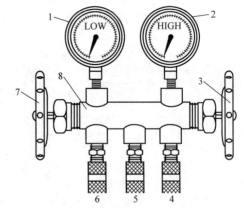

图 22-1　歧管压力表结构示意图
1—低压表（蓝）　2—高压表（红）　3—高压手动阀（Hi）
4—高压侧软管（红）　5—维修用软管（黄或白）
6—低压侧软管（蓝）　7—低压手动阀（Lo）　8—阀座

显示压力，也可用来显示真空度。真空度读数范围为 0～0.10MPa，压力刻度从 0 开始，量程不少于 0.42MPa；高压表用于检测制冷系统高压侧的压力，测量的压力范围从 0 开始，量程不小于

2.11MPa。

2. 歧管压力表的功能

空调歧管压力表的功能如下：

1）如图 22-2a 所示，将低压手动阀 A 和高压手动阀 B 同时关闭，则可以进行高压侧和低压侧的压力检测。

2）如图 22-2b 所示，当低压手动阀 A 和高压手动阀 B 同时打开时，全部管道连通。此时，接上真空泵，便可以对系统进行抽真空。

3）如图 22-2c 所示，将低压手动阀 A 打开，高压手动阀 B 关闭，则可以由低压侧注入气态制冷剂。

4）如图 22-2d 所示，将低压手动阀 A 关闭，高压手动阀 B 打开，则可以由高压侧注入液态制冷剂。

5）如图 22-2e 所示，将低压手动阀 A 关闭，高压手动阀 B 打开，则可以由高压侧放空或回收制冷剂。

6）如图 22-2f 所示，将低压手动阀 A 打开，高压手动阀 B 关闭，则可以由低压侧放空或回收制冷剂。

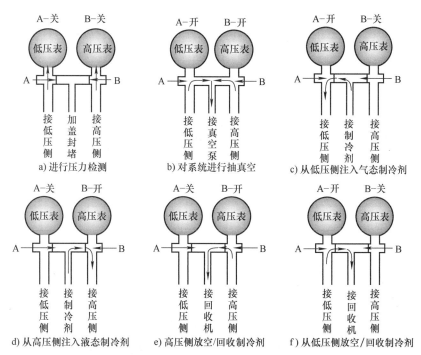

图 22-2 歧管压力表功能示意图

二、制冷剂注入阀

为便于维修汽车空调和随车携带，制冷剂生产商制造了一种小罐制冷剂（一般为 300g 左右），但要将它注入到汽车空调制冷系统中去则需要有配套注入阀才能开罐。

当向制冷系统加注制冷剂时，可将注入阀装在制冷剂罐上，旋转制冷剂注入阀手柄，阀针刺穿制冷剂罐，即可充注制冷剂。制冷剂注入阀的结构如图 22-3 所示，制冷剂罐 1 内装有制冷剂，接头 3 用软管与歧管压力表的中间接头相连，其具体使用方法如下：

1）按逆时针方向旋转注入阀手柄 4，直到阀针 5 退回为止。

2）将注入阀装到制冷剂罐 1 上，逆时针方向旋转扳螺母 2 直到最高位置，然后将制冷剂注入阀顺时针方向拧动，直到注入阀嵌入制冷剂密封塞 6。

3）将扳螺母按顺时针方向旋转到底，再将歧管压力表上的中间软管固定到注入阀接头 3 上。

4）拧紧扳螺母。

5）按顺时针方向旋转手柄，使阀针刺穿密封塞。

6）若要充注制冷剂，则逆时针方向旋转手柄，使阀针抬起，同时打开歧管压力表上的手动阀。

7）若要停止加注制冷剂，则顺时针方向旋转手柄，使阀针再次进入密封塞，起到密封作用，并同时关闭歧管压力表上的手动阀。

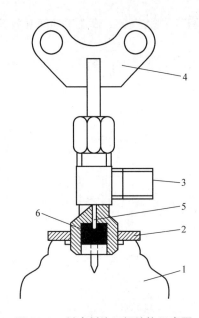

图 22-3　制冷剂注入阀结构示意图
1—制冷剂罐　2—扳螺母　3—注入阀接头　4—制冷剂注入阀手柄　5—阀针　6—密封塞

实际操作

在拆卸或维修汽车空调系统制冷管路的某些部件后，加注制冷剂前，需要先抽走系统中的空气和水分。抽真空的设备为真空泵或汽车空调制冷剂回收加注机。

一、使用真空泵抽真空

空调制冷系统抽真空的方法如下：

1）放出或回收空调制冷系统中的制冷剂。

2）如图 22-4 所示，分别连接歧管压力表的高低充气软管：高压充气软管（红色）接空调制冷系统的高压维修阀，低压充气软管（蓝色）接低压维修阀。

3）将歧管压力表中间那一根软管接到真空泵上。

4）打开歧管压力表高低压两侧的阀门，开启真空泵。

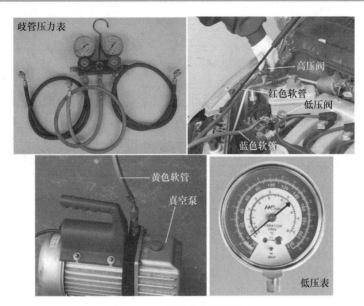

图 22-4 使用真空泵抽真空

5）如果空调系统不存在泄漏现象，在抽真空约 10min 之后，低压侧压力表会显示出低于 760mmHg（98.70~99.99kPa）的真空。

6）抽真空时间总共必须持续 15min。

7）继续进行抽真空直至低压侧压力表上显示低于 760mmHg 的真空（低压表上的刻度是 76），然后关闭两个阀。

8）停止真空泵工作，从泵的入口处拆掉中心充气软管后，等待 10min，验证一下低压仪表读数是否变化，如无变化可进行制冷剂充注。否则，检测空调管路并进行必要的修理，然后再次抽真空，确保没有泄漏。

二、使用制冷剂回收加注机抽真空

1）如图 22-5 所示，按照设备制造商的说明，将 HFC-134a 制冷剂回收/再循环/充注设备 A 或相同功能的其他设备与车辆空调制冷系统高压维修接口 B 和低压维修接口 C 相连接。打开高低压两侧的阀门，以压下检修口的单向阀。

2）将制冷剂回收加注机置于 ON 位置。

3）在控制面板上选择空调系统抽真空程序。

4）选择抽真空的时间。对于处于高温、高湿度状态下的空调系统，建议抽真空时间至少为 20min 或更长时间。

5）抽真空时间超过 20min 后，当低压达到 760mmHg，关闭高、低压阀并关闭真空泵。如果低压不能达到 760mmHg，则系统可能有泄漏。然后进行制冷剂充注，并检查是否有泄漏。

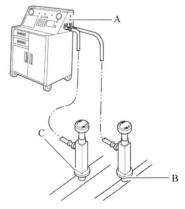

图 22-5 连接制冷剂回收加注机

三、制冷剂的回收

当将制冷剂从空调系统排出时，可利用制冷剂回收和循环设备将其回收。直接将制冷剂排到大气中，会对环境造成破坏。制冷剂的回收方法如下：

1）将制冷剂回收加注机置于 ON 位置。

2）在控制面板上选择制冷剂回收程序，如图 22-6 所示。

3）打开设备上高压侧和低压侧的手动阀。

4）制冷剂回收加注机开始从空调系统中回收制冷剂和冷冻油。制冷剂回收至储液罐，冷冻油则分流至可以拆卸的储油罐。

5）制冷剂回收加注机会将所有制冷剂从空调系统中排出，空调系统将部分真空，压力约为 34kPa。

6）一旦达到部分真空，建议关闭制冷剂回收加注机并关闭上述两个手动阀，记录此时压力读数。如果 2min 后真空度读数上升至正压，这表明制冷剂（沸腾完毕）在储液干燥器中仍有剩余，在此情况下，继续回收程序直至正压上升不明显。

图 22-6 选择制冷剂回收程序

7）检查回收油液的储油罐并记录回收的数量，因为稍候将需要向空调系统加注相同量的油液。

四、制冷剂的加注

当制冷系统抽真空达到要求，且经检漏确定制冷系统不存在泄漏部位后，即可向制冷系统加注制冷剂。加注前，先确定加注制冷剂的数量，加注数量过多或过少，都会影响空调制冷效果。现代的汽车空调普遍采用 R134a 制冷剂，加注量通常为 600~750g。

加注制冷剂时可采用高压端加注或低压端加注，加注方法如下：

1. 从高压端加注制冷剂

从空调高压管路的维修阀加注时，充入的是液态制冷剂。其特点是安全快速，适用于制冷系统的第一次加注，经检漏、抽真空后的系统加注。但采用该方法时必须注意，加注时不可开启压缩机（发动机停转），且制冷剂罐要求倒立。

1）当系统抽真空后，关闭歧管压力表上的手动高、低压阀。

2）如图 22-7 所示，将中间软管的一端与制冷剂罐注入阀的接头连接，打开制冷剂罐开启阀，再拧开歧管压力表软管一端的螺母，让气体溢出几秒钟，然后拧紧螺母。

3）拧开高压侧手动阀至全开位置，将制冷剂罐倒立。

4）从高压侧注入规定量的液态制冷剂。关闭制冷剂罐注入阀及歧管压力表上的手动高压阀，然后卸下仪表。从高压侧向系统加注制冷剂时，发动机处于非工作状态（压缩机停转），不要拧开歧管压力表上的手动低压阀，以防产生液击。

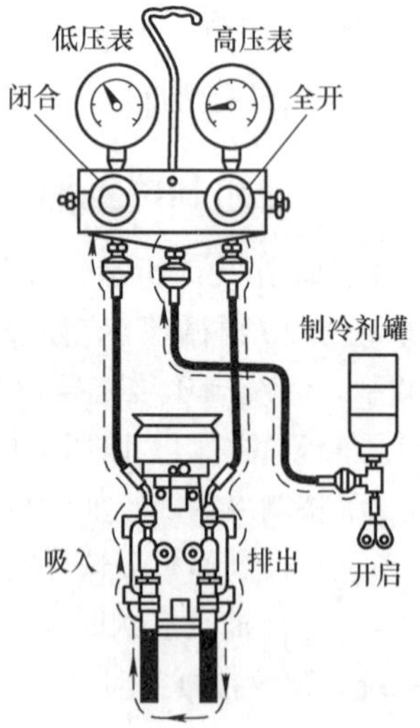

2. 从低压端加注制冷剂

图 22-7 从高压端加注液态制冷剂

从空调低压管路的维修阀加注时，充入的是气态制冷剂，特点是加注速度慢，可在系统补充制冷剂情况下使用。

1）将歧管压力表与高低压维修阀和制冷剂罐连接好。

2）打开制冷剂罐，拧松中间注入软管在歧管压力表上的螺母，直到听见有制冷剂蒸气流动声，然后拧紧螺母，从而排出注入软管中的空气，如图 22-8 所示。

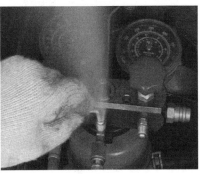

图 22-8 打开制冷剂罐并排出空气

3）打开手动低压阀，让制冷剂进入制冷系统。当系统压力达到 0.4MPa 时，关闭手动低压阀。

4）起动发动机，接通空调开关，并将鼓风机开关和温控开关都调至最大。

5）再打开歧管压力表上的手动阀，让制冷剂继续进入制冷系统，直至加注量达到规定值。

6）向系统中加注规定量制冷剂后，观察视液窗，确认系统内无气泡、无过量制冷剂。随后将发动机转速调至 2000r/min，将鼓风机风量开到最高档，若气温为 30～35℃，则系统内低压测压力应为 0.147～0.192MPa，高压侧压力应为 1.37～1.67MPa。

7）加注了规定量的制冷剂后，关闭压力表低压侧阀，观察视液镜里是否有气泡，如没有或只有少许气泡，说明制冷剂已充足。

3. 使用制冷剂回收加注机加注制冷剂

1）确保空调管路上的高压侧与低压侧手动阀都已关闭。

2）将制冷剂回收加注机电源开关置于 ON 位置。

3）使用装在软管端部的切断阀，将制冷剂回收加注机的高压侧（红色）软管或低压侧（蓝色）软管连接至车辆空调系统加注口。打开切断阀阀门以压下加注口的单向阀。

4）在控制面板上选择空调制冷剂加注程序，并设定加注量为 700g。

> **特别提示**
>
> 由于 R134a 温度较低，必须小心处理。R134a 溅到身体任何部位都可能导致冻伤。此外，制冷剂罐和补给车在排放时如果皮肤接触排放液体，将会冻伤皮肤。
>
> 如 R134a 液体进入眼睛或溅到皮肤上，立即用大量的水冲洗，以升高温度。

> **你学会了吗？**
>
> 1. 歧管压力表的结构是怎样的？有哪些功能？
> 2. 制冷剂注入阀的结构是怎样的？如何使用？
> 3. 怎样使用真空泵给空调制冷系统抽真空？
> 4. 怎样使用制冷剂回收加注机回收和重新加注制冷剂？
> 5. 如何从空调制冷系统高压端加注制冷剂？有哪些注意事项？
> 6. 如何从空调制冷系统低压端加注制冷剂？

第23天 空调冷冻油的检查与加注

1. 了解冷冻油在制冷系统中所起的作用。
2. 学习空调系统冷冻油油量的检查方法。
3. 掌握制冷系统中冷冻油的添加量和添加方法。

冷冻油是制冷压缩装置的专用润滑油,是影响制冷系统制冷功能和制冷效果的重要组成部分。冷冻油在制冷系统中所起的作用如下:

1)润滑摩擦面,使摩擦面完全被油膜分隔开来,从而降低摩擦功、摩擦热和磨损。
2)冷冻油的流动带走摩擦热,使摩擦零件的温度保持在允许范围内。
3)在密封部位充满油,保证密封性能,防止制冷剂泄漏。
4)油的运动带走金属摩擦产生的磨屑,起到清洗摩擦面的作用。

压缩机中的冷冻油与制冷剂一起在整个系统中循环。更换任何元件或发生大量制冷剂泄漏后,需要向压缩机中添加冷冻油。将压缩机中的冷冻油保持在规定值非常重要。如果不能适当地保持冷冻油量,就可能导致以下故障:

1)冷冻油不足:可能造成压缩机卡死。
2)冷冻油过量:制冷不足(热交换干扰)。

一、压缩机冷冻油油量的检查

压缩机冷冻油过多或过少都会对空调制冷效果产生影响,油量的检查方法一般有以下三种:

(1)观察视液镜　通过压缩机上安装的视液镜玻璃,可观察冷冻油量,如果压缩机冷冻油面达到观察高度的80%位置,一般认为是合适的,如果油面在这个界限之下,则应添加冷冻油;如果在这个位置之上,则应放出多余的冷冻油。

(2)观察油尺　未装视液镜的压缩机,可用油尺检查其油量。这种压缩机有的只有一个油塞,油塞下面有的装有油尺,有的没有油尺,需要另外用专用油尺插入检查。观察油面的位置是否在规定的上下限之间。

(3)观察储液罐玻璃观察孔　起动空调系统,查看储液罐玻璃观察孔处的制冷剂通过情况,如果观察孔的玻璃上有条纹状的油渍,说明冷冻油量过多。此时应从系统内释放一些冷冻油,再加入适量的制冷剂。

二、冷冻油的添加方法

汽车制冷系统在一般情况下，冷冻油的消耗量较少，可以两年更换一次，添加时一定要保证添加同一牌号的冷冻油，因为不同牌号的冷冻油会生成沉淀物。更换任何部件或发生大量制冷剂泄漏后，需要向压缩机中添加冷冻油，添加方法有以下两种。

1. 直接加入法

将定量的冷冻油装入干净的量杯里，从压缩机的旋塞口直接倒入即可，如图23-1所示。这种方法适合于更换蒸发器、冷凝器和储液干燥器时采用。

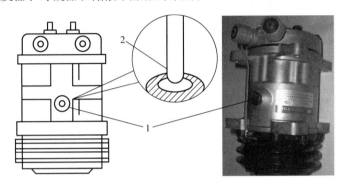

图23-1 从加油塞直接加注冷冻油

1—加油塞 2—油尺

2. 真空吸入法

（1）使用注油器添加冷冻油 添加冷冻油可在抽真空后进行，方法如图23-2所示，操作步骤如下：

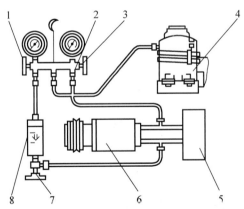

图23-2 真空吸入法添加冷冻油

1—低压手动阀 2—表阀 3—高压手动阀 4—真空泵 5—制冷系统 6—压缩机 7—放油阀 8—注油器

1）按抽真空的方法先对制冷系统抽真空。

2）选用一个带有刻度的注油器，其上面有一个加油塞和一个放油阀。加入比要补充的冷冻油量还要多一些的冷冻油。

3）将注油器安装在表阀的低压接口和空调制冷系统低压维修阀之间。

4）起动真空泵，打开歧管压力表上的高压手动阀，然后打开注油器上的放油阀，补充的冷冻油就从制冷系统的低压侧进入压缩机，当冷冻油油量达到规定量时，停止真空泵工作，关闭放油阀。

5)拆下注油器,把低压软管接在制冷系统的低压维修阀上,接着对系统进行抽真空,加注制冷剂。

冷冻油加注完成后,需及时盖严油瓶口,并擦净系统上的油迹,更换新的压缩机时,一般里面已有冷冻油,不用再加。

(2)**使用量杯添加冷冻油** 没有注油器时,可利用真空从量杯或冷冻油容器中直接吸入冷冻油,方法如下:

1)首先将系统抽真空到100kPa。
2)准备一个带刻度的量杯并装入稍多于所添加量的冷冻油。
3)关闭高压手动阀及辅助阀门,将高压软管一端从歧管压力表上卸下,并插入量杯中,如图23-3所示。

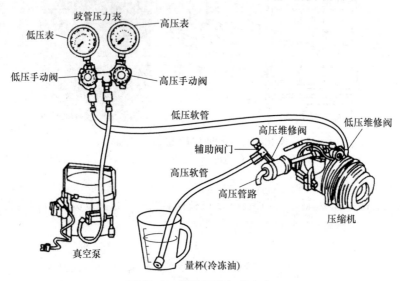

图 23-3 从量杯吸入冷冻油

4)打开辅助阀门,油从量杯内被吸入系统。
5)当油面到达规定刻度时,立即关闭辅助阀门。
6)将软管与歧管压力表连接,打开高压手动阀,起动真空泵,先对高压软管抽真空,然后打开辅助阀门对系统抽真空。

添加冷冻油的注意事项:
① 冷冻油易吸水,使用后应立即将储油瓶瓶盖盖紧。
② 不要使用过期变质的冷冻油,检验方法是将一滴油点到一张白纸上,等一会儿如油滴中间有黑斑,说明冷冻油已变质,不能使用。
③ 用过的冷冻油再使用时,必须经过过滤及除水处理。
④ 不同牌号的冷冻油不能混用。

3. 冷冻油添加量

(1)**系统新加油量** 新装汽车空调系统中,只有压缩机内装有冷冻油,油量一般为280~350g。不同型号的压缩机内充油量也不同,具体可查看压缩机供应商手册或空调维修手册。

(2)**补充油量** 汽车空调系统维修中,如果更换了系统部件或管路,由于这些部件中残存冷冻油,因此,更换的同时应当向系统内补充冷冻油,补充量可参考表23-1,具体数值可查看相应的空调维修手册。

表 23-1　冷冻油补充量

更换的部件	冷冻油补充量 /mL	更换的部件	冷冻油补充量 /mL
冷凝器	40～50	储液干燥器	5～20
蒸发器	35～50	制冷循环管路	10～20

如果更换压缩机，新压缩机内原有油量应减去上述部件残存油量上限之和。

三、冷冻油的加注（大通 D90）

1）将液体灌装机平放在工作台或油桶之上，如图 23-4 所示。

2）如图 23-5 所示，打开储液器上标有"IN"标识的孔的堵帽，加注冷冻油（型号：PAG），具体加注量见表 23-2。

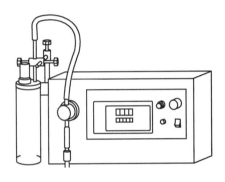

图 23-4　液体灌装机

图 23-5　加注冷冻油

表 23-2　大通 D90 冷冻油加注量

序号	更换项目	加注量 /mL
1	更换冷凝器	30
2	更换副冷凝器	30
3	更换干燥器	15
4	更换蒸发器	50
5	更换单个管路	20
6	更换空调压缩机	倒出残油少于 30mL 则补回 50mL 冷冻油；大于 30mL 则补回和倒出一致的油量
7	回收制冷剂	双空调 50mL；单空调 20mL

3）加完后将堵帽盖拧紧，此加注过程需在 1min 内完成。

4）检查储液罐罐体上是否有油污，若有将罐体擦拭干净。

你学会了吗?

1. 冷冻油在制冷系统中起着什么重要的作用？
2. 如何检查压缩机冷冻油量？
3. 冷冻油的添加方法有哪些？具体是怎样操作的？
4. 冷冻油的添加量与哪些因素有关？一般添加量是多少？

第 24 天 空调制冷系统的检漏

1. 了解空调制冷系统重点检查渗漏的部位有哪些。
2. 掌握常见的空调制冷剂检漏方法。

制冷剂泄漏是汽车空调系统最常见的故障之一，制冷剂泄漏严重将会导致空调制冷系统不制冷或制冷不足。汽车空调系统工作环境比较恶劣，其制冷系统一直随汽车工作在振动的工况下，极易造成部件、管道损坏和接头松动，使制冷剂发生泄漏。另外拆装或检修汽车制冷系统管道、更换零件之后也需要在检修拆装的部位进行制冷剂的泄漏检查。由于制冷剂无色、无味，所以对制冷剂的检漏存在一定的困难，可以采用多种方法，有时也需要借助一些仪器设备。重点检查渗漏的部位有：

1) 各个管道接头及阀门连接处。
2) 全部软管，尤其在管接头附近察看有否鼓泡、裂纹、油渍。
3) 压缩机轴封、前后盖板、密封垫、检修阀等处。
4) 冷凝器表面被刮坏、压扁、碰伤处。
5) 蒸发器表面被刮坏、压扁、碰伤处。
6) 膨胀阀的进出口连接处，膜盒周边焊接处，以及感温包与膜盒焊接处。
7) 储液干燥器的易熔塞、视液镜、高低压阀连接处。
8) 歧管压力表组件（如果安装）的连接头、手动阀及软管处。

目前制冷剂的检漏方法有真空检漏、观察法检漏、肥皂泡沫检漏、卤素检漏灯检漏、电子检漏仪检漏、染料示踪检漏和加压检漏等方法。

1. 真空检漏法

先把歧管压力表高压软管接到空调系统高压维修阀上，再把低压软管接到低压维修阀上，把中间管接到抽真空机上。打开歧管压力表高压手动维修阀与低压手动维修阀，起动真空泵，并观察低压表上的真空部分，直到将压力抽真空至 -100～-80kPa 左右。然后，关闭歧管压力表上的手动高低压阀，观察真空表压力是否回升。如仪表读数缓慢移动逐渐靠近 0，就说明系统某些地方有泄漏，应检查管道接头。进行必要的修理后，再次对系统进行抽真空和保压程序，确保整个系统没有泄漏为止。

抽真空完毕后，先关闭歧管压力表高低压手动维修阀，再关闭真空泵。

2. 外观检漏

外观检漏是指用眼睛去观察制冷系统（特别是制冷系统的管接头）部位有否冷冻油渗漏痕迹的一种检漏方法。因为制冷剂通常与冷冻油互溶，所以在泄漏处必然也带出冷冻油，因此系统管道有油迹的部位就很可能是泄漏点。

3. 肥皂泡沫法检漏（加压检漏）

在空调系统没有制冷剂的情况下，先把歧管压力表的高压软管接到空调系统高压维修阀上，把压力表的低压软管接到低压维修阀上，然后把中间软管接到氮气瓶上或直接用真空泵加压，如图24-1所示。瓶装氮气一定要用减压表才能充注。将氮气瓶打开，然后打开歧管压力表高低压手动维修阀，向系统内充注干燥氮气，当其压力达到1.2~1.5MPa时，关闭歧管压力表高低压手动维修阀，停止充气，24h后压力应无明显下降。

空调系统加压后再用肥皂泡沫法检漏，如图24-2所示。使用肥皂加水调肥皂溶液时，溶液的浓度要黏稠到用刷子一抹就可形成气泡的程度。检漏时，将全部接头或可疑区段抹上皂液。最后观察皂泡的出现情况，一旦有地方泄漏，该处必然起皂泡。

此法简单易行，是目前修理行业经常用的一种方法，但现在汽车各种构件布置得越来越紧凑，有些部位及检修死角，用此法不易检查出来。

4. 电子检漏仪检漏

向空调制冷系统加注制冷剂，使系统中压力高达0.35MPa，然后用电子检漏仪（图24-3）进行检漏。电子检漏仪分为R12电子检漏仪、R134a电子检漏仪和多功能电子检漏仪等。一般检测R12泄漏的电子检漏仪对检测R134a是无效的，目前最常用的是多功能电子检漏仪。其使用方法如下：

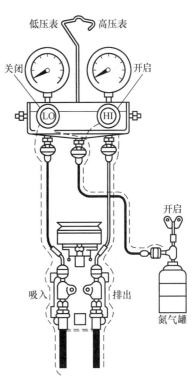

图24-1 向制冷系统充氮加压

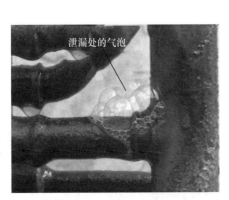

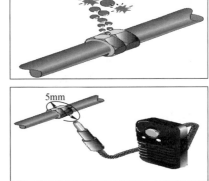

图24-2 管路和管路接头泄漏点

1）打开电子检漏仪的电源开关（ON）。

2）平衡调节。调节电子检漏仪直到听到最大警报声，再往回调节直至听到缓慢连续的嘀嗒声。

3）开始搜索泄漏。把测针慢慢靠近被检测处的下方，如果检测仪发出警报声，说明此处存在泄漏。

4）如图24-4所示，将探头置于距检测点大约5mm处。

图 24-3 电子检漏仪

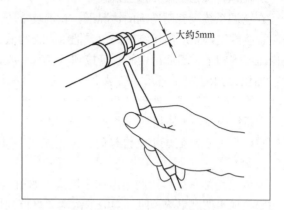

图 24-4 探头至检测点距离示意图

5）如图 24-5 所示，使探头绕接头的整个圆周进行检测。

6）探头沿部件水平移动的速度大约为每秒 25～50mm。

为防止读数不准确或错误，应确保车辆附近没有制冷剂蒸气、车间化学物或香烟烟雾。应在空气稳定的区域（气流/风速不高）进行泄漏检测，这样，泄漏出来的制冷剂就不会在空气中弥散。

5. 染料示踪检漏

染料示踪检漏（荧光检漏）是将加有染料的制冷剂注入空调制冷系统，如系统有泄漏，染料也会渗漏出来，泄漏点可以明显地被发现。如发现漏点，按要求进行修理，染料可以保留在系统内，对系统无害。

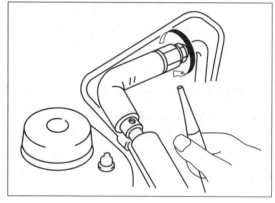

图 24-5 绕接头圆周检测

6. 荧光检漏

荧光检漏是利用荧光检漏剂在紫外检漏灯的照射下发出亮光的原理，对各类系统中的流体渗漏进行检测的。在使用时，只需将荧光剂按一定比例加入到系统中，开启空调运行 20min 后，戴上专用眼镜，用检漏灯照射系统的外部，泄漏处将呈黄绿色荧光。如图 24-6 所示，使用紫外检漏灯在阳光较弱的地方检查空调系统是否泄漏。

荧光检漏的优点是定位准确，渗漏点可以直接用眼睛看到，而且使用简单，携带方便，检修成本较低，代表了汽车检漏的发展方向。

图 24-6 荧光检漏法

7. 卤素灯检漏

汽车空调使用的制冷剂都含有氟、氯卤素元素，所以当它遇火焰时会发生分解，分解出的氟、氯元素与铜发生反应生成卤素铜的化合物，使火焰呈现出特有的绿紫色。人们利用这个原理制成了卤素检漏灯。

如图 24-7 所示，卤素灯检漏是让泄漏的制冷剂气体进入安装在喷灯处的吸入管内，利用喷灯的火焰颜色改变这一特性来判断系统内的泄漏部位和泄漏程度。

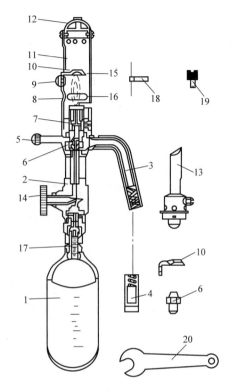

图 24-7　卤素检漏灯结构示意图

1—检漏灯储气瓶　2—检漏灯本体　3—吸入管　4—滤清器　5—燃烧筒支架　6—喷嘴
7—火焰分隔器　8—点火孔　9—反应板螺钉　10—反应板　11—燃烧筒　12—燃烧筒盖　13—栓盖
14—调节把手　15—火焰长度（上限）　16—火焰长度（下限）　17—喷嘴　18—喷嘴清洁器　19、20—扳手

卤素检漏灯按使用燃料可分为酒精、乙炔、丙烷以及石油气卤素检漏灯等。使用卤素灯检漏的具体操作方法为：

1）向检漏灯加入液态丙烷或无水酒精。
2）打开节气门，点燃气体，调节火焰，高度应在反应板之上 13mm 左右为宜。
3）此火焰高度应烧至铜反应板变成樱红色为止。
4）降低火焰高度，使其在反应板之上 6mm 或者和反应板持平。
5）移动吸入管，使其开口依次放在系统各个接头下部，观察火焰颜色，火焰颜色与泄漏诊断对照见表 24-1。

表 24-1　火焰颜色与泄漏诊断对照表

燃烧介质	火焰颜色	泄漏诊断
酒精	变成浅绿色	有少量泄漏
	变成深绿色	有大量泄漏
丙烷	变成浅蓝色	有较少泄漏
	变成蓝色	有较多泄漏
	变成紫色	有大量泄漏

维修案例

迈腾 B7L 经常缺失制冷剂

故障现象：一辆迈腾 B7L 经常报修车辆不制冷，进维修站检查无制冷剂。

故障诊断与排除：

1）使用 VAS 故障诊断仪查看空调系统故障码，系统存有一个制冷剂压力过低的故障码。

2）连接设备回收制冷剂，设备抽不到制冷剂。

3）对空调系统加压检漏，保压 30min，压力表基本无变化，查不到漏气点。

4）给空调制冷循环系统加注荧光剂跟踪，一星期后再行检查，发现空调压力开关处有渗漏，如图 24-8 所示。

图 24-8　空调压力开关处渗漏

5）拆下空调压力开关，检查发现里面密封圈轻微变形，造成制冷剂缓慢泄漏。

6）更换高压开关，然后使用制冷剂加注回收设备抽真空，重新加注制冷剂并检漏后，故障排除。

你学会了吗？

1. 对空调制冷管路重点检查渗漏的部位有哪些？
2. 目前常用的制冷剂检漏方法有哪几种？
3. 什么是真空检漏法？什么是加压检漏法？
4. 怎样使用肥皂泡沫法检查空调制冷系统泄漏？
5. 空调制冷循环系统缓慢漏气时，采用哪种方法检查比较好？

第 25 天　用歧管压力表检查制冷系统

学习目标

1. 了解歧管压力表的组成，学会歧管压力表的使用方法。
2. 了解空调制冷系统正常工作时的压力范围。
3. 学会使用歧管压力表检查空调制冷系统故障。

1. 连接歧管压力表

如图 25-1 所示，歧管压力表由两个压力表（低压表和高压表）、两个手动阀（高压手动阀和低压侧手动阀）、三个软管接头（一个接低压工作阀、一个接高压工作阀、一个接制冷剂罐或真空泵吸入口）组成，这些部件都装在表座上，形成一个压力计装置。歧管压力表的高压表用于检测制冷系统高压侧的压力，低压表用于检测制冷系统低压侧的压力，也用于显示真空度。

1）务必将歧管压力表的高低压手动阀关牢。

2）将高压充注软管（红色）连接到汽车的高压维修阀上，将低压充注软管（蓝色）连接到汽车的低压维修阀上。

3）拧松歧管压力表上的螺母，利用制冷剂压力排放充注软管（黄色）中的空气，当听到"嘶嘶"声时，立即拧紧螺母。

图 25-1 歧管压力表的组成和连接

1—低压表　2—高压表　3—低压手动阀　4—高压手动阀　5—充注软管　6—高压维修阀　7—低压维修阀

2. 用歧管压力表判断空调系统故障

当室温在 30～35℃ 范围，发动机加速到 1500～2000r/min 保持稳定时，将空调调到最冷，同时将风速开到最大，正常情况下，此时歧管压力表的低压侧读数应为 0.15～0.25MPa，高压侧读数应为 1.37～1.57MPa。当系统高压侧和低压侧的压力异常时，应用歧管压力表进行诊断。

日产 TIIDA（颐达/骐达）轿车的空调制冷系统使用歧管压力表进行检查时，可能的症状和处理方法见表 25-1。

表 25-1 用歧管压力表检查与排除制冷系统故障

压力表显示	制冷系统问题	可能的原因	处理方法
高压侧和低压侧的压力都太高	清洗冷凝器后,压力迅速降低	制冷循环中的制冷剂加注过多	减少制冷剂直至获得规定的压力
	冷却风扇的空气吸入量不足	冷凝器制冷性能不足: 1)冷凝器散热片堵塞 2)冷却风扇转动异常	- 清洁冷凝器 - 必要时检查并修理冷却风扇
	- 低压管不冷 - 压缩机停止工作后,高压值迅速降低大约196kPa。此后又逐渐降低	冷凝器内热交换不良(压缩机停止工作后,高压降低过慢):制冷循环中有空气	反复抽真空并重新加注系统
	发动机有过热的趋势	发动机冷却系统故障	检查并维修发动机冷却系统
	- 低压管路区域的温度低于蒸发器出口附近的温度 - 膨胀阀有时结霜	- 低压侧的液态制冷剂过多 - 制冷剂排出量过多 - 与规定值相比,膨胀阀的开度偏小:膨胀阀调整不正确	更换膨胀阀
高压侧压力太高,低压侧压力太低	冷凝器的上侧及高压侧很热,但是储液罐却不热	压缩机及冷凝器之间的高压管或零部件堵塞或损坏	- 检查、修理或更换故障零部件 - 检查冷冻油是否被污染
高压侧压力太低,低压侧压力太高	压缩机停止工作后,高压侧和低压侧压力很快相等	压缩机加压操作不正常:压缩机内部密封件损坏	更换压缩机
	高压侧和低压侧的温度没有差异	压缩机停止工作后,高压侧和低压侧压力很快相等	更换压缩机

（续）

压力表显示	制冷系统问题	可能的原因	处理方法
高压侧和低压侧的压力都太低	- 储液罐出口与进口间的温差很大，出口处温度太低 - 储液罐入口处与膨胀阀处结霜	储液罐内部有轻微堵塞	- 更换储液罐 - 检查冷冻油是否被污染
	- 与靠近储液罐的区域温度相比，膨胀阀进口处的温度极低 - 膨胀阀进口处可能结霜 - 高压侧的某些地方存在温差	位于储液罐与膨胀阀之间的高压管阻塞	- 检查并修理故障部件 - 检查冷冻油是否被污染
	用手触摸膨胀阀及储液罐，感觉发温或只是发凉	注入的制冷剂偏少：接头或元件泄漏	检查制冷剂是否泄漏
	膨胀阀本身结霜时，其进口与出口处有较大温差	与规定值相比，膨胀阀的关闭角度较小： 1) 膨胀阀调整不正确 2) 膨胀阀有故障 3) 出口和进口可能阻塞	- 用压缩空气清除异物 - 更换膨胀阀 - 检查冷冻油是否被污染
	低压管路区域的温度低于蒸发器出口附近的温度	低压管阻塞或破损	- 检查并修理故障部件 - 检查冷冻油是否被污染
	气流量不足或太少	蒸发器结冰	- 检查温度控制放大器 - 更换压缩机 - 修理蒸发器散热片 - 更换蒸发器
低压侧有时变成负压	- 空调系统不起作用，并且不能循环冷却车舱内的空气 - 当压缩机停止工作又重新起动后，系统只连续工作一段时间	- 制冷剂不能循环排出 - 湿气在膨胀阀出口及进口处结冰 - 水与制冷剂混合	- 排出制冷剂中的水分或更换制冷剂 - 更换储液罐

(续)

压力表显示	制冷系统问题	可能的原因	处理方法
低压侧变成负压	储液罐或膨胀阀管路的前/后侧结霜或结露	高压侧关闭导致制冷剂不能流动：膨胀阀或储液罐结霜	使系统停止工作，直至不再结霜。重新起动系统，检查这个故障是否是由水或异物造成的 1）排出制冷剂中的水分或更换制冷剂 2）如果是异物造成的，拆下膨胀阀并用干燥的压缩空气清除异物 3）如果以上两种方法都不能解决故障，就更换膨胀阀 4）更换储液罐 5）检查冷冻油是否被污染

需要说明的是，对发生故障的系统，如制冷剂不足，温度和压力之间没有确定的对应关系。一般来说：

1）压力表的读数，高低压均很低，说明制冷剂不足。制冷剂不足表明系统内某处出现泄漏，必须找出泄漏点并加以排除。

2）压力表的读数，高低压均过高，很可能是制冷剂过多引起。处理方法是，从低压侧逐渐放出一部分制冷剂，直到压力表指针显示规定压力为止。

如开始时正常，后来出现上述现象，这是由于冷凝器散热差造成的。可检查冷凝器散热片是否堵塞，风扇传动带是否过松，风扇转速是否正常，并予排除。

3）系统内存在空气，也可使高低压都增高，现象同制冷剂过多时相似，高压侧比前者还要高些，有时会出现明显的快速波动。如按2）的办法排除不掉高压，可确定为制冷管路内有空气。排除的办法可考虑更换干燥剂，清洁冷冻油、重新加注制冷剂等。

4）压力表的读数，低压侧偏高，高压侧偏低，如增加发动机转速，高低压变化都不大。这种情况一般是压缩机工作不良所造成的。应检查机内阀片是否损坏，活塞及环是否磨损，并予以排除。

5）压力表的读数，低压侧出现真空，高压侧压力过低。这种情况多由在膨胀阀热敏管内的制冷剂完全泄漏，使膨胀阀内的阀门全部关死，造成制冷剂不循环流动，系统不能制冷引起。排除的办法是更换或拆修膨胀阀。

6）压力表的读数，低压侧与高压侧差别不大。这种情况多由压缩机阀门关闭不严或压缩机损坏造成。

7）恒温调节器失效的一个标志是蒸发器盘管外面覆盖冰层，盘管上结冰会阻挡空气流过。

你学会了吗？

1. 歧管压力表由哪些部件组成？怎样连接歧管压力表？
2. 空调制冷系统正常时的管路压力是多少？
3. 怎样使用歧管压力表判断空调系统故障？
4. 一般来说，压力表的高低压读数均很低或均很高是怎么回事？

第 26 天　空调制冷系统的触摸诊断方法

学习目标

1. 了解触摸诊断方法在汽车空调维修中的重要意义。
2. 了解空调制冷系统可能发生堵塞的部位，并学会使用触摸诊断方法分析故障部位。

实际操作

经过前面的学习，我们应该已经清楚空调系统哪一侧是热的，哪一侧是冷的。当空调系统发生堵塞时，有时压力表读数上的变化是不明显的。因此，必须考虑与空调系统相关的制冷剂加注口的定位。压力表读数可能升高，也可能降低，这主要是由加注口哪一侧发生堵塞决定的。

使用压力表时，同时采用"感觉测试（触摸诊断）"方法。触摸诊断是一种非常有效的分析手段，正如这种测试的名称，它是一种用手触摸管路和组件的温降来判断可能发生堵塞位置的方法。

1. 系统工作正常

如图 26-1 所示，制冷系统工作正常时，用手触摸制冷系统管路，其高压侧应该是热的，低压侧应该是冷的。

用压力表检测系统压力时，高压侧和低压侧的压力都应该是正常的。

2. 高压侧堵塞（高压检测阀后）

如图 26-2 所示，当堵塞点位于高压检测阀后，高压检测阀与冷凝器入口之间时，高压侧（检修阀处）的压力将会升高。这时，由于排气不畅，压缩机会产生噪声，堵塞前的高压软管非常热，而堵塞后高压软管从冷变热。

3. 高压侧堵塞（高压检测阀前）

如图 26-3 所示，当堵塞点位于高压检测阀前，压缩机出口与高压检测阀之间时，高压侧（检修阀处）的压力将会较低。这时，由于排气不畅，压缩机会产生噪声，堵塞前的高压软管非常热，而堵塞后高压软管从冷变热。

4. 低压侧堵塞（低压检测阀后）

如图 26-4 所示，当堵塞点位于低压检测阀后，低压检测阀与压缩机入口之间时，低压侧（检修阀处）的压力将会因管路堵塞而升高。这时，高压侧压力较低，而低压侧压力较高，低压软管于堵塞前结雾。

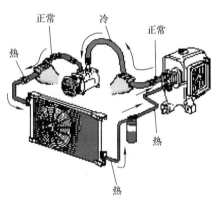

图 26-1　制冷系统工作正常

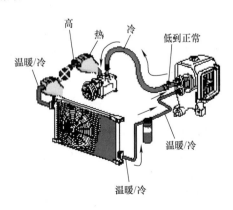

图 26-2　高压侧堵塞（检测阀后）

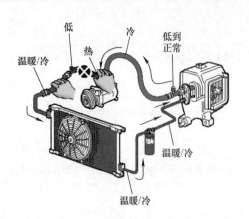

图 26-3 高压侧堵塞（检测阀前）

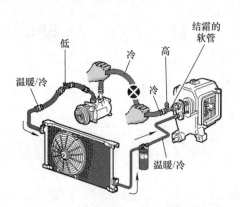

图 26-4 低压侧堵塞（检测阀后）

5. 低压侧堵塞（低压检测阀前）

如图 26-5 所示，当堵塞点位于低压检测阀前，蒸发器出口与低压检测阀之间时，低压侧（检修阀处）的压力将会低至压力为负（真空）。这时，高压侧压力较低，而低压侧压力为零或负值，低压软管于堵塞前结霜。

6. 孔管堵塞（孔管系统）

当空调制冷系统的节流管发生堵塞时，低压侧（检修阀处）的压力将会低至压力为负（真空）。这时，高压侧压力较低，而低压侧压力为零或负值，节流管后的管路发生结雾现象。

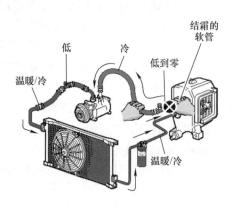

图 26-5 低压侧堵塞（检测阀前）

7. 储液干燥器堵塞

空调储液干燥器发生堵塞时，高压侧压力将会升高，而低压侧压力为零或负值。如果储液干燥器本身发生堵塞，出液管一定会结霜。

8. 检查制冷剂的充注量（孔管系统）

运行空调制冷系统约 15min 后，用手触摸制冷系统管路。用一只手触摸孔管出口处的管路，用另一只手触摸集液器的顶部。如果集液器顶部温度高于孔管出口处的管路温度，说明制冷剂的充注量偏少，可向系统补充 150g 制冷剂后，再行检查。

9. 冷凝器堵塞

高压蒸气在冷凝器内传送，在接近冷凝器前 1/3 部分处，形成了高压液体（气体变为液体）。伴随这种状态的变化，温度也将发生微弱变化（取决于环境温度）。

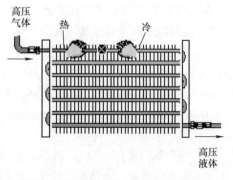

图 26-6 冷凝器堵塞（管片式或管带式）

用手指沿着冷凝器管路触摸（注意不要烫伤），可以感觉到制冷剂状态发生变化的位置。然而这种变化是非常微弱的，如果在接近前 1/3 处感觉到温度变化，那么堵塞可能就发生在这里，如图 26-6 所示。

如图26-7所示，对于平流式冷凝器，由于制冷剂的走向是横向平流的，同时流过多根冷凝器管路，因此，即便是冷凝器管路发生了局部堵塞，但在环境温度较低时，冷凝器仍然可能维持正常工作。

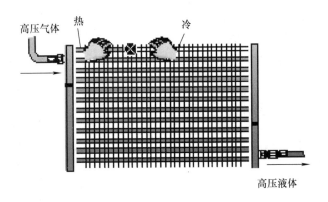

图26-7　冷凝器堵塞（平流式）

但当环境温度升高，制冷系统的热负荷增大，对制冷剂流量的需求增大时，某一根冷凝器管路发生局部堵塞，仍会使制冷系统的工作性能劣化或冷凝器内部压力过高。

 你学会了吗？

1. 触摸诊断方法在空调系统的实际维修中有何意义？
2. 空调制冷系统工作正常时，制冷管路的冷热状况是怎样的？
3. 制冷管路可能发生堵塞的部位有哪些？如何诊断？

第27天　空调系统常见故障的检查与排除

 学习目标

1. 了解汽车空调系统常见的故障有哪些。
2. 学会分析空调系统各种故障的可能原因，掌握其检查与排除方法。

 实际操作

汽车空调的制冷系统本身就是一个比较复杂的系统，它的正常工作还有赖于电气控制系统和通风送风系统的正常工作，加上在汽车上的使用条件也较恶劣，所以相比较而言汽车空调的故障率较高。正确的使用和维护保养对空调系统的正常工作很重要，出现故障后，可参考表27-1对空调系统故障进行一般的分析检查及排除。

表 27-1 空调系统常见故障检查与排除对照表

故障现象	可能原因	检查与排除
1- 压缩机不工作	1）离合器无电源输入或因电器元件接触不良或损坏造成离合器端电压过低 2）压缩机温度保护器损坏 3）离合器线圈短路或断路 4）离合器驱动盘损坏 5）制冷剂泄漏，空调压力开关保护性切断离合器电源 6）压缩机传动带过松打滑或断裂	1）检查空调电路（若因外界气温低，空调系统的低温或低压保护起作用所引起则无须修理） 2）更换温度保护器 3）更换离合器 4）更换离合器 5）检查并修复漏点，补充制冷剂及冷冻油 6）张紧或更换传动带
2- 压缩机异响	1）离合器接合时打滑 2）离合器轴承磨损，间隙过大或缺油 3）压缩机传动带松动或磨损引起的打滑 4）压缩机传动带过紧引起的压缩机振动 5）带轮中心线不对线引起压缩机振动 6）压缩机安装螺栓松动、压缩机支架松动或开裂 7）液击、系统负荷过大等原因造成压缩机内部零件损坏、咬死	1）有油渍时则清洗和修理，系统压力太高时检查并排除系统故障 2）更换离合器 3）调整传动带张紧力或更换传动带 4）调整传动带张紧力 5）重新安装 6）重新紧固或更换压缩机支架 7）彻底清洗空调系统、更换压缩机或更换整个系统零件。
3- 压缩机不能正常自动停转	1）压力保护开关损坏 2）蒸发器温度传感器损坏 3）电路故障	1）更换压力保护开关 2）更换蒸发器温度传感器 3）检查并排除电路故障
4- 压缩机离合器断续接合	1）电气故障（导线接触不良、电压过低、继电器故障等） 2）蒸发器温度传感器故障 3）离合器间隙过大 4）系统压力过高 5）系统制冷剂太少 6）系统内冷冻油太少，压缩机壳体温度高，温度保护器动作	1）检查并排除电气故障 2）更换蒸发器温度传感器 3）调整离合器间隙 4）检查并排除系统压力过高故障 5）检查并排除系统制冷剂太少故障 6）补加冷冻油
5- 制冷效果差	1）门窗未关严或在环境温度较高时长时间使用外循环方式 2）压缩机内部泄漏（系统高压侧压力过低、低压侧压力过高） 3）空调系统制冷剂量过大 4）系统抽真空不彻底，存在有空气（高压表指针剧烈晃动） 5）冷凝器脏堵 6）冷凝器风扇损坏，不工作或风量较小 7）因维修原因造成冷冻油过多 8）内部零件因杂质进入系统造成异常磨损	1）关好门窗或更改循环风使用方式 2）更换压缩机 3）回收系统中多余的制冷剂 4）回收制冷剂后重新抽真空、加注制冷剂 5）清洗冷凝器 6）修理或更换冷却风扇 7）排除多余的冷冻油 8）更换压缩机

（续）

故障现象	可能原因	检查与排除
6-风量异常	1）鼓风机总成不良 ①暖气用熔丝熔断 ②电线断线或连接不良 ③暖气开关工作不良 ④风扇挂有异物 ⑤暖气电阻断线 ⑥鼓风机电动机不旋转 2）暖气电路的电压异响 ①电压下降 ②鼓风机电动机异响 ③鼓风机电动机旋转不良 3）空气滤清器堵塞 4）风量调整不良 ①暖气开关工作不良 ②暖气电阻工作不良或断线 ③鼓风机电动机旋转不良 5）蒸发器散热片压扁、堵塞 6）各通风道安装不良 7）各通风道变形、折扁、弯曲	1）鼓风机总成不良 ①更换熔丝（熔丝盒 20A 熔丝） ②修理电路 ③更换 ④清扫后检查鼓风机电动机 ⑤更换风扇及电动机总成 ⑥更换风扇及电动机总成 2）暖气电路的电压异常 ①检查车辆电源电压、接地线路 ②更换风扇及电动机总成 ③更换风扇及电动机总成 3）清扫 4）风量调整不良 ①更换 ②更换风扇电阻或电动机总成 ③更换风扇电阻或电动机总成 5）修理或更换蒸发器 6）修理安装部位 7）更换
7-无热风吹出	1）冷却液温度过低 2）冷却液未达到规定量 3）冷却液未循环 ①暖气芯堵塞 ②V 带调整不良 ③水泵工作不良 ④混入空气 ⑤温度传感器工作不良 4）控制钢索调整不良 5）混合气风门工作不良	1）检查发动机 2）补充冷却液 3）冷却液未循环 ①清扫或更换暖气总成 ②调整 ③修理水泵 ④修理水泵 ⑤更换 4）调整 5）修理连杆或更换暖气总成
8-吹出热风但不升温	1）从缝隙进风 2）各通道安装不良 3）各控制风门工作不良	1）修理密封条 2）修理安装部位 3）修理连杆或更换暖气总成
9-除霜器不工作	1）除霜器通道安装不良 2）除霜器通道变形、折曲 3）除霜器喷口安装不良 4）除霜器喷口进入异物 5）控制钢索调整不良	1）修理安装部位 2）更换 3）修理安装部位 4）清扫 5）调整

（续）

故障现象	可能原因	检查与排除
10- 无冷风吹出	1）压缩机的电磁离合器不接合 ①空调器开关工作不良 ②空调器用熔丝熔断 ③电磁离合器工作不良 ④空调器继电器工作不良 ⑤温度传感器工作不良 ⑥高低压力开关工作不良 ⑦电磁离合器端子无电压 2）V带调整不良 3）压缩机工作不良 4）风道温度异常（混入热空气） 5）蒸发器芯体结霜 6）暖气总成与蒸发器连接部位（通风管）安装不良 7）混合气风门工作不良	1）压缩机的电磁离合器不接合 ①更换 ②更换熔丝（熔丝盒20A熔丝） ③更换压缩机及离合器总成 ④更换 ⑤更换 ⑥更换 ⑦检查空调器电路 2）调整 3）更换压缩机及离合器总成 4）排出空气 5）检查蒸发器或更换蒸发器 6）修理安装部位 7）修理连杆或更换暖气总成
11- 吹出冷风但不降温	1）风道缝隙进热风 2）暖气总成各控制风门工作不良 3）控制钢索调整不良	1）修理密封条 2）、3）修理连杆或更换暖气总成

你学会了吗？

1. 汽车空调系统常见的故障有哪些？
2. 空调压缩机不工作的原因有哪些？怎样排除？
3. 空调系统不制冷的原因有哪些？怎样排除？

第28天　客车空调的使用与维护

1. 了解外顶置式客车空调系统的总体布置方式。
2. 了解客车空调操纵器的功能和使用方法。
3. 掌握客车空调系统的维护内容和操作方法。

 **基础知识**

客车空调系统是实现对车舱内空气进行制冷、加热、换气和空气净化的装置。它可以为乘车人员提供舒适的乘车环境，降低驾驶人的疲劳强度，提高行车安全性。空调装置已成为衡量汽车功能是否齐全的标志之一。

大部分客车通常采用外顶置式空调系统。金龙客车 SONGZ（松芝）外顶置式空调的总体布置如图 28-1 所示。系统的主要组成部分包括外顶置蒸发器和冷凝器总成、压缩机总成、管路部分和操纵器部分，蒸发器和冷凝器安装于客车顶部。

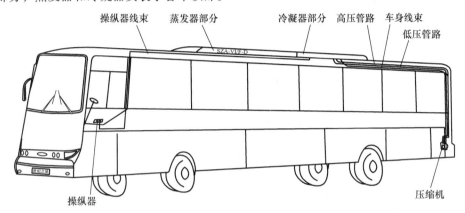

图 28-1　外顶置式空调系统的总体布置

 **实际操作**

一、客车空调的操作方法

1. 空调操纵器的功能

（1）Ⅰ型操纵器的功能　SONGZ 客车空调系统的Ⅰ型操纵器如图 28-2 所示，操纵器的功能如下。

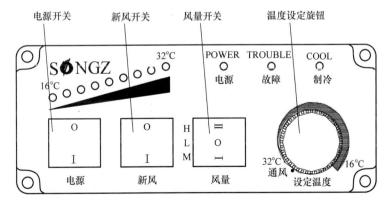

图 28-2　Ⅰ型操纵器示意图

1）指示灯。

① "POWER/电源"指示灯：当电源开关打开时，操纵器上的电源灯亮起。

②"TROUBLE/故障"指示灯：该灯是双色灯，如果该灯亮红色，说明空调制冷剂循环压力异常；如果该灯亮黄色，说明空调电压异常。出现上述任意情况之一时，应立即关闭空调电源开关，及时检查空调系统。

③"COOL/制冷"指示灯：当制冷旋钮调至设定温度延时10~15s后制冷灯亮起，空调系统开始工作。

2）电源开关：当电源开关置于"I"时，操纵器通电，空调蒸发器风机开始工作。当电源开关置于"O"时，操纵器将不带电，空调停止工作。

3）新风开关：当新风开关置于"I"时，空调新风风门打开，系统开始换新风。当新风开关置于"O"时，空调新风风门关闭，系统停止换新风。

4）风量开关：此开关为三段位开关，分高中低三档：中间位置"O"为低速，下边"-"为中速，上端"="为高速。

5）制冷旋钮：此旋钮为温度设定旋钮，分"通风"与"设定温度"两个状态。逆时针旋至底端关掉为"通风"状态，即此状态只能打开蒸发器风机而不开制冷；顺时针打开为"设定温度"状态，可选择16~32℃任意位置。

当除霜传感器的工作温度低于3℃或环境温度低于设定温度时，制冷旋钮无论置于何位置，"COOL"灯都不亮，即空调系统不制冷。

（2）II型操纵器的功能　SONGZ客车空调系统的II型操纵器如图28-3所示，操纵器的功能如下。

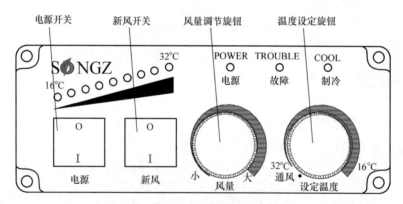

图28-3　II型操纵器示意图

1）指示灯。

①"POWER/电源"指示灯：当电源开关打开时，操纵器上的电源灯亮起。

②"TROUBLE/故障"指示灯：该灯是双色灯，如果该灯亮红色，说明空调制冷剂循环压力异常；如果该灯亮黄色，说明空调电压异常。出现上述任意情况之一时，应立即关闭空调电源开关，及时检查空调系统。

③"COOL/制冷"指示灯：当制冷旋钮调至设定温度延时10~15s后制冷灯亮起，空调系统开始工作。

2）电源开关：当电源开关置于"I"时，操纵器通电，空调蒸发器风机开始工作。当电源开关置于"O"时，操纵器将不带电，空调停止工作。

3）新风开关：当新风开关置于"I"时，空调新风风门打开，系统开始换新风。当新风开关置于"O"时，空调新风风门关闭，系统停止换新风。

4）风量调节旋钮：风量调节旋钮为无级调速旋钮。起动制冷时，将此旋钮调至最大以达到更快降温速度，空调正常运行时，将此旋钮调节到适当的位置。

5）制冷旋钮：此旋钮为温度设定旋钮，分"通风"与"设定温度"两个状态。逆时针旋至底端关掉为"通风"状态，即此状态只能打开蒸发器风机而不开制冷；顺时针打开为"设定温度"状态，可选择 16~32℃任意位置。

当除霜传感器的工作温度低于 3℃或环境温度低于设定温度时，制冷旋钮无论置于何位置，"COOL"灯都不亮，即空调系统不制冷。

2. 空调的使用

1）起动发动机前，确认电源开关、制冷旋钮都处于关闭状态；Ⅰ型操纵器风量开关处于"L"档，Ⅱ型操纵器风量调节旋钮逆时针调至最底端。

2）发动机起动后，将空调电源开关打开，此时操纵器电源灯将亮起，蒸发器风扇开始工作，然后再把空调风量开关调到"L""M""H"其中的一档（Ⅰ型操纵器），或将风量调节旋钮调至适当的风量（Ⅱ型操纵器）。

3）将制冷旋钮并旋至适当的温度，待延时十几秒之后，面板上的制冷灯亮起，这时空调开始工作。

4）在适当的时候，打开新风开关，这时空调新风风门打开，空调采用部分车外新风模式，以给车内提供适量新鲜空气。

当故障灯亮起时，应关闭空调系统并检修。

3. 关闭空调

（1）正常关机　关闭制冷开关时，制冷系统停止工作，只进行换气工作。

关闭电源开关，整个系统停止工作。

（2）紧急自动关机　当系统压力异常高或低时，系统会自动切断电磁离合器，使压缩机停止工作，并进行故障报警。

正确使用空调装置，能使空调达到最佳制冷效果，且故障少、可靠性高。

二、空调的维护

无论使用何种型号空调，尤其是在淡季同，为使空调系统能够随时启用，应进行正常的预防维护。全年内每周短时间（5~10min）运行系统一次，可使压缩机内部零部件保持润滑，同时尽早发现制冷剂损失。

1. 通风系统的维护

1）在使用空调时，禁止将出风口全部关闭。

2）空调运行时，要关闭门窗和自然通风装置（新风除外）。

3）要及时清洗滤网（回风口处共有三个滤网）。

滤网若过脏，通过蒸发器的风量将减少，空调的风量及制冷效果将受到影响。

2. 保护装置的维护

1）一般情况下，不要短接温控保护（即不要强制制冷）。

2）任何情况下，不允许短接压力开关。

压力开关是系统的压力保护装置，短接压力开关时，空调系统的压力保护将失效，若有异常会对空调系统产生严重损坏，甚至导致空调压缩机部件损坏。

3. 传动机构的维护

（1）压缩机传动带

1）新车运行48h后检查压缩机传动带，传动带松动容易发生传动带打滑现象，从而使得离合器温度上升，损坏离合器吸盘和离合器线圈，同时也影响传动带及压缩机带轮的使用寿命。

2）传动带张紧力过大，必然导致空调压缩机的轴和轴承偏磨、轴承损坏、压缩机轴封漏油、带轮轴承损坏等各类故障的发生，最终导致压缩机损坏的严重后果。所以及时检查、调整传动带的张紧力是每一个驾驶人必须重视的工作之一。

3）可采用手感法测试传动带的张紧力：用拇指在两个带轮中央的传动带上垂直施加100N压力，其挠度应如图28-4所示。

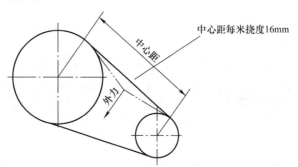

图28-4 传动带张紧力的设定

4）不同型号、中心距（跨度）的传动带张紧参数见表28-1和表28-2，对于B型传动带，张力推荐值是650～750N。

表28-1 B型传动带张紧参数表

中心距/mm	100	200	300	400	500	600	700	800
偏移量/mm	2.76	5.47	8.18	10.88	13.6	16.31	19.02	21.73

对于A型传动带，张力推荐值是550～600N。

图28-2 A型传动带张紧参数表

中心距/mm	100	200	300	400	500	600	700	800
偏移量/mm	3.27	6.77	10.27	13.77	17.27	20.77	24.27	27.77

（2）空调压缩机（图28-5）

1）通过轴封部位可以观察到压缩机轴封是否漏油，压缩机轴封的磨合期为250h，在磨合期内渗油属正常现象，在250h之后，每小时渗油量应小于0.05cm^3。

2）从观察窗可以观察到压缩机冷冻油平面：压缩机内冷冻油在静止时要求超过 4/5，工作状态时应在 1/4～3/4 之间。

3）使用空调时必然造成压缩机冷冻油出现正常损耗或非正常损耗，经常检查或添加压缩机冷冻油，及时发现压缩机轴封等处漏油并及时报修是每一位驾驶人应尽的责任和义务，以避免压缩机因干、脏、松、缺、漏等因素造成机械事故的发生。

4）冬季应经常开启空调，保证每周运行一次，每次运行 5～10min 左右，从而保证压缩机内部机械润滑。

冬季起动的注意事项：在汽车起动前用手或活扳手转动压缩机离合器吸盘，使压缩机吸盘的转动由重变轻为宜，然后起动空调约 5s 立即关闭空调，并且再次起动空调 5～10s 后，仍然立即关闭空调，完成这一程序后，可以正式起动空调。

对于北方的空调用户，春季第一次启用空调前，必须按照上述方法操作一遍。

图 28-5　客车空调压缩机

4. 蒸发器和冷凝器的维护

蒸发器和冷凝器芯体是空调系统的换热部件，其换热效果的好坏直接影响到空调的制冷效果，要保证每季度至少清洗一次，可用高压水枪加肥皂粉的方式清洗冷凝器外表面。注意需调整高压水枪至适当压力后方能冲洗，不能将翅片冲倒伏；用高压空气或高压清水清洗蒸发器外表面，同样要注意：调整高压水枪至适当压力后方能冲洗，不能将翅片冲倒伏，并注意对车内部件的清洁保护。

5. 管路及线束的维护

1）每月检查裸露铜管、软管和管路接头，检查是否有干涉、磨损、挤压、松动等不良现象。

2）经常检查裸露线束和线束接插件，检查是否有干涉、磨损部位和松动现象。

空调系统的预防维护按表 28-3 所列事项进行。

表 28-3　空调维护日程表

项目	周期	内容
管路、接头	每月一次	检查管路接头有无渗漏或油污，各个软管和管道是否有裂纹、老化、压扁、损坏等现象
制冷剂数量	每月一次	从视液镜看，或用歧管表检查高低压压力
冷凝器	每月一次	检查冷凝器翅片是否完好，通道是否堵塞，清理翅片上的污物
蒸发器	每月一次	清理蒸发器芯及进出风口上的污垢，检查排水系统能否顺利将冷凝水排出车外
膨胀阀	每月一次	检查膨胀阀外部有无结霜或结冰现象，如发现有以上现象须先检查系统内有无水分，感温包及毛细管有无移动或损坏
压缩机	每日一次	每天或随时检查冷冻油数量，压缩机运转是否正常
压缩机	每月一次	检查压缩机固定支架的螺栓是否松动，带轮有无裂纹，压缩机轴封是否泄漏
压缩机	每周一次	压缩机在非使用期，每周运转一次，每次运转数分钟，检查各部分是否正常

（续）

项目	周期	内容
传动系统	每月一次	检查传动带松紧度及磨损程度
电磁离合器	每月一次	通电检查电磁离合器能否迅速吸合及分离，是否打滑
干燥器	每年一次	定期更换干燥器
风机	每月一次	检查叶片是否有损伤，运转是否正常
电气系统	每年一次	检查操纵器和电控盒工作是否正常，接插件接触是否良好

1. 外顶置式客车空调系统的总体布置方式是怎样的？
2. 怎样使用客车空调操纵器？其操纵器和轿车的空调控制面板有什么相似之处？
3. 如何打开及关闭客车空调系统？
4. 怎样检查、维护空调压缩机传动带和压缩机？

第29天　客车空调制冷系统的组成与维修

1. 了解客车空调系统的分类和空调制冷系统的组成。
2. 了解顶置式空调制冷系统的特点和布置方式。
3. 掌握客车空调系统抽真空、检漏、加注冷冻油和制冷剂的操作方法。
4. 掌握压缩机离合器及压缩机常见故障的排除方法。

基础知识

1. 客车空调系统的分类

1）按制冷压缩机的驱动方式分为非独立式、独立式和电力驱动式。

① 非独立式又称被动式，以汽车发动机为动力直接驱动压缩机工作。

② 独立式汽车空调装置的压缩机由专门设置的辅助发动机带动。

③ 电力驱动式汽车空调装置是指制冷压缩机由电动机驱动的汽车空调装置。

2）按空调机组形式分为独立整体式和分散式。

① 独立整体式是把空调装置的各个组件都装在一个专用机架上，自成体系。

② 分散式是指压缩机、冷凝器和蒸发器等独立的总成分散安装在汽车的适当部位。

3）按蒸发器和冷凝器的布置方式可分为以下几种：

①顶置式；②后置式；③内置式；④底置式。

130客车的空调制冷系统包括压缩机、冷凝器、储液干燥器、热力膨胀阀、蒸发器和连接这些部件的管路系统及电器控制系统,这些部件的组合物构成了汽车空调的制冷装置。顶置式空调制冷系统的结构如图29-1所示。

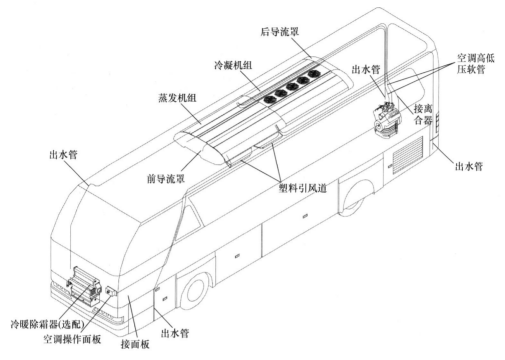

图 29-1 顶置式空调制冷系统

如图 29-2 所示,在汽车空调系统的几大组成部分中,分别还包括了许多辅助部件,如压力开关、除霜开关、视液镜、电磁阀、截止阀、安全阀、风机等。这些部件都是整个汽车空调制冷系统正常和安全运行所需要的。

顶置式空调系统的蒸发器和冷凝器在车上的位置如图29-3和图29-4所示。

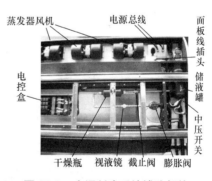

图 29-2 空调制冷系统辅助部件

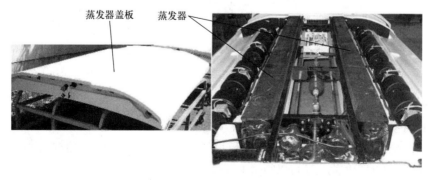

图 29-3 顶置式空调蒸发器实物图

由于驾驶人前面的风窗玻璃面积大，夏季热量多；冬季温度低，玻璃易结雾。为此，前面装有冷暖小空调（图 29-5），它可按不同需要调节风向和出风温度。夏季，空调工作后，从冷凝器出来的制冷剂液体有一部分流到前小空调盘管内蒸发，给驾驶人位置降温。

2. 制冷系统工作原理

蒸气压缩式制冷的四大主件是压缩机、冷凝器、膨胀阀和蒸发器。制冷系统工作时，四大主件中任何一件都不可缺少。其他如储液器、干燥过滤器、视液镜等都是为了维护系统的正常运行，增强制冷效果，方便检修的需要而设置的。

客车空调制冷系统的工作原理如图 29-6 所示。压缩机把蒸发器低压端的低温、低压制冷剂气体压缩成高温、高压的制冷剂蒸气，从高压端送到冷凝器，制冷剂蒸气在冷凝器的盘管内通过翅片向外散热、冷凝成较高温、高压的制冷剂液体；经膨胀阀节流、降压，制冷剂进入蒸发器盘管，在管内低压区沸腾，吸收热量，蒸发成低温、低压的制冷剂气体；从蒸发器低压端被压缩机继续吸回到气缸内，被活塞压缩，高温、高压的制冷剂蒸气，再次送到冷凝器重复循环。

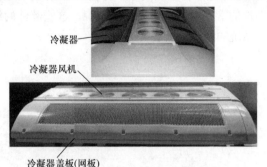

图 29-4 顶置式空调冷凝器实物图

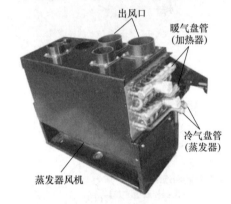

图 29-5 客车小空调

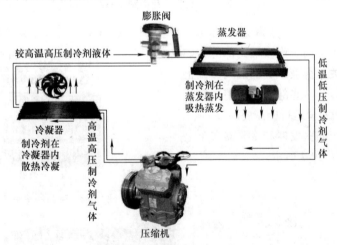

图 29-6 制冷系统的工作原理

1. 系统抽真空

汽车空调系统必须在内部真空、干燥、清洁的环境下工作，因此系统的真空状况对空调机组正常工作是极其重要的。抽真空还可以间接了解系统是否泄漏。

空调制冷系统抽真空的操作步骤如下:

① 连接真空泵:如图29-7所示,首先将歧管压力表的高、低压软管分别与空调系统高、低压管路相连,将中间维修软管与真空泵的歧管表接头连在一起。拧紧各个接头。关闭歧管表高、低压手动阀。

> **注意**
>
> 抽真空前检查一下各软管连接是否正确,真空泵的油位是否合适,选用真空泵时,应明确真空泵所能达到的真空度和空调系统所要求的真空度是否相符。

② 抽真空:起动真空泵,打开歧管压力表的高、低压手动阀,若接头上带有手动阀,也要打开。20～40min后,在真空表上产生大于98kPa的真空度。若达不到所需真空度,排除工具原因即可确认系统泄漏。若达到所需真空度,此时关闭歧管压力表的高、低压手动阀,等待5～6min,若歧管压力表压力值有明显升高,则空调系统有泄漏,找出漏点并将其维修好,再重复上述工作;若歧管压力表压力值变化小于3.4kPa,则表明系统无泄漏。抽真空结束后首先关闭歧管压力表的高、低压手动阀,再关闭真空泵,并卸下中间软管以进行下一步工作。一般抽真空时间必须大于1h,如有必要,可进行二次抽真空。

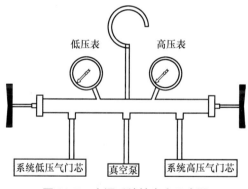

图29-7 空调系统抽真空示意图

> **注意**
>
> 关闭歧管压力表的高、低压手动阀和真空泵的顺序不能颠倒。

2. 系统检漏

系统检漏前先观察系统中各个接头处是否有油污,若有油污则该处可能泄漏,应重点检查。

(1)肥皂水检漏 将歧管压力表按要求与空调系统连接起来,把歧管压力表中间软管同氮气瓶相连,缓缓充入干燥氮气使系统压力达到1.0MPa。将肥皂水均匀涂于各接头处,若接头处向外冒肥皂泡,说明该处泄漏,在接头泄漏处做好记号,然后检查下一个接头。检查完所有的接头后(请勿遗漏),对泄漏的接头进行修复。如果此时仍未能检查出泄漏处,可用R134a检漏仪进行检漏。

（2）R134a 检漏仪检漏　检漏前，先用歧管压力表向空调系统中充入 0.5MPa 氮气，再充入少量 R134a 气体。打开检漏仪，将检漏仪探头放置于被检测部位周围，缓缓移动。若检漏仪发出短促报警声，则说明该处泄漏，在该处做上记号，再检查下一个接头。要仔细检查不要遗漏。若仍未能发现泄漏处，可以增加 R134a 的充注量，或向系统中补充一定量的氮气，增加系统的压力，再用检漏仪检查直至无泄漏为止。

> **注意**
>
> 1）一般泄漏是由于接头松动、O 形密封圈损伤、焊接处虚焊、制冷配件损伤等，在做有泄漏记号的接头处根据实际情况拧紧接头、更换 O 形密封圈、补焊或更换配件。
> 2）系统中压力不能超过 3.0MPa，否则将导致密封件失效和压缩机泄漏。

3. 系统加注冷冻油

有下列情况之一发生，则充注或补充冷冻油来维护系统：

1）软管爆裂、硬管破损。
2）制冷剂发生大量快速泄漏。
3）更换压缩机、冷凝器、蒸发器等制冷配件。

加注冷冻油可以在系统抽真空前，也可以在系统抽真空后进行。在系统抽真空前，可以直接将用量筒量好的冷冻油从压缩机注油孔注入，或从压缩机接口倒入。

也可以用真空泵、歧管压力表将冷冻油吸入系统内。将歧管压力表低压软管与系统低压管路相连，中间软管与真空泵连接，将高压软管或加油管插入计量好油量的量筒内，尽量插到底部。关闭高压手动阀，打开真空泵，再微微打开低压手动阀，接着打开高压手动阀。冷冻油会在真空作用下吸入空调系统中，直到计量好的预定油量吸完为止。

还有一种方法是：将歧管压力表高、低压软管分别与系统高、低压管路相连，中间软管与真空泵连接，对系统抽真空，使系统绝对压力不高于 3.0kPa。然后关闭高低压手动阀，再关闭真空泵，卸下中间软管，将高压软管或加油管插入计量好油量的量筒内，尽量插到底部，如图 29-8 所示。打开高、低压手动阀，冷冻油会在真空作用下吸入空调系统中，直到计量好的预定油量吸完为止。

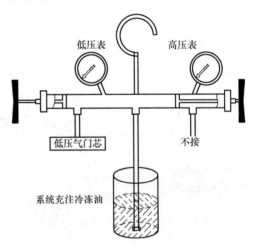

图 29-8　制冷系统加注冷冻油示意图

> **注意**
>
> 加油时使用指定品牌的冷冻油，不可随意混用；冷冻油吸水性极强，请勿将冷冻油暴露在空气中，冷冻油未用完应立即密封避光保存。

4. 系统加注制冷剂

1）此操作紧接在抽真空工序后进行，加注前称出制冷剂连同盛器瓶的重量。

2）将歧管压力表高低压软管分别与系统高低压管路相连，中间软管与制冷剂钢瓶接头相连。稍许松开中间软管与歧管压力表表座相连的接头，再稍许打开制冷剂钢瓶或制冷剂罐上手动阀，让制冷剂钢瓶或制冷剂罐中的制冷剂排出中间软管中的空气。

3）拧紧表座上中间软管接头，确认发动机停转。打开制冷剂瓶及高低压手动阀，让制冷剂进入系统。

4）若想加快充注速度，可将制冷剂瓶倒置，加入液态制冷剂。但此时低压手动阀必须关闭，只能从高压侧加入，而且确保压缩机是停转的。

5）若制冷剂没有加到规定数量，可将制冷剂瓶直立，关闭高压侧手动阀，只打开低压侧手动阀，起动压缩机，让系统低速运行，使气态制冷剂由低压侧进入系统，直到充入额定量制冷剂为止。

6）先关闭制冷剂钢瓶或制冷剂罐上手动阀，再关死低压手动阀，最后将歧管压力表从系统中卸下，将充注阀堵帽堵好。

7）最后再用检漏仪对空调系统进行一次全面的检查。

5. 压缩机离合器故障检测与维修

合格的离合器线圈电阻值为 9.5～10.5Ω。离合器常见故障有离合器轴承磨坏、离合器线圈烧毁、离合器打滑。

（1）**离合器轴承磨坏**　轴承异响是轴承磨坏的前奏。发动机起动，压缩机没工作时，离合器有"呼呼"的较响噪声。压缩机一工作，噪声立即停止。这说明离合器轴承已开始有问题。引起离合器轴承磨坏的主要原因：传动带张紧力不当，拉得过紧对轴承磨损很大，特别是冬季空调用得较少，把传动带适度调松一点，能有效延长离合器轴承寿命；传动带又不能过松，传动带跳动也会对离合器轴承造成影响。

（2）**离合器线圈烧毁**　即离合器线圈正常通电后不能吸合。离合器线圈烧毁的主要原因：离合器吸盘间隙过大，吸不到位；离合器吸盘内有脏物，影响吸合。

（3）**离合器打滑**　离合器打滑的原因有：

1）离合器由于受外力撞击影响离合器转盘（动盘）和吸盘（定盘）间的吸合力。

2）线圈工作不良。

3）离合器转盘和吸盘间的距离过大。

注意：离合器长时间打滑会烧毁离合器线圈。

如图 29-9 所示，离合器轴承的更换方法如下：

1）调松压缩机传动带张紧螺栓。

2）取下传动带。

3）拆下传动带盘。

4）拆出轴头紧固螺栓。

5）再用一个大一点的螺栓顶出离合器总成。

6）拆下卡簧和防尘盖。

7）用专用顶拔器拉出离合器动盘。

8）动盘拉出即可从定盘上退出轴承。

9）用液压机把新轴承压回原位。

10）把动盘压回，注意保留应有的间隙，再用手轻轻转动，动盘应自由滑转，并且无噪声。
11）装回卡簧和防尘盖。
12）把离合器总成套回压缩机轴上，把轴上的半圆键置于离合器的定位槽内。
13）紧固轴头紧固螺栓。
14）将传动带装回离合器上。转动传动带盘，应惯性好、不跳动、无噪声。
15）装回传动带，并适当调整传动带的张紧度。
16）试机运行，应稳定、无噪声。

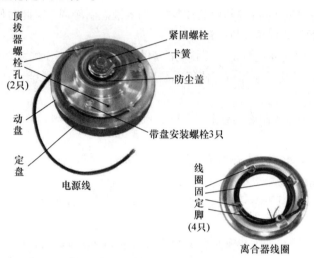

图 29-9　离合器轴承的更换方法

6. 压缩机常见故障的排除

压缩机常见故障有密封系统渗漏、阀板被液击、拉缸。

1）密封系统渗漏：新车空调压缩机轴封少量渗油较为常见、只需定期清理油毛毡或集油管；如渗油量较大，并从视液镜里看到有缺油现象，必须更换密封系统和补充适当的冷冻油。阀板纸垫内裂会使系统工作压力不正常，纸垫外裂会造成漏油、漏制冷剂。处理方法：更换阀板纸垫。

2）阀板被液击：充注制冷剂时，从压缩机的低压吸气端以液态方式注入，压缩机阀板被撞裂，造成系统工作压力不正常。处理方法：更换阀板。

3）压缩机拉缸：压缩机拉缸主要是润滑系统缺油引起的。压缩机长时间不进行保养，漏油后没得到及时补充或油质过脏（一般要求三年更换一次），把油路堵塞而造成拉缸。压缩机拉缸后噪声明显加大，工作压力不正常。

你学会了吗？

1. 客车的空调系统分为哪些类型？
2. 客车的空调制冷系统由哪些部分组成，顶置式空调制冷系统是怎样的？
3. 客车空调系统如何抽真空，加注冷冻油和制冷剂？
4. 压缩机离合器的常见故障有哪些，如何更换？
5. 压缩机的常见故障有哪些，如何排除？

第30天　客车空调的暖风系统

1. 了解客车暖风系统的作用和组成。
2. 了解独立式暖风系统的特点和类型。
3. 了解客车暖风系统加热器的工作原理和使用方法。
4. 掌握客车暖风系统的保养和维护，各种故障的处理方法。

汽车暖风装置用来为汽车驾驶室和车室冬季取暖及风窗除霜，采用独立燃烧式液体加热器的暖风装置还可以用来预热发动机。按热量来源暖风装置可分为余热式和气暖式两种。余热式暖风机利用汽车发动机工作时产生的剩余热量（例如发动机冷却液及排气）采暖；独立式暖风机通过燃烧燃料，工作介质吸收热量，然后释放到需要加热的空间。

客车上采用的独立式暖风系统如图30-1所示。该系统包括液体加热器、散热器、除霜器等。根据散热形式的不同，可以分为自然散热型（图30-2）和强制散热型（图30-3）。

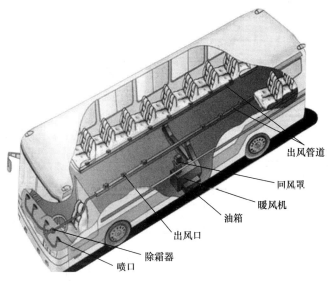

图30-1　独立式暖风系统

独立式暖风系统具有如下特点：

1）独立式暖风系统是一种与汽车发动机完全无关的独立燃烧式取暖装置，其工作不受汽车使用工况的影响，采暖迅速，可以满足较大热负荷和较高取暖质量的要求。

2）以轻柴油或煤油为燃料，以水或防冻液为加热介质，采用能使助燃空气与燃油保持一定比例的燃烧机构，燃烧完全，热效率高。

3）被加热的液体由强制循环水泵经循环管路送入车室内散热装置（有自然散热和强制通风散热两种形式），加热车内空气，实现理想的取暖效果，并可防止燃烧废气进入车室。

4）可实现一机两用。在设计采暖系统时，将发动机水套和加热器相连接，即可实现给发动机和车室同时加热。此外，通过阀门的控制，还可单独给车室或发动机加热。

5）节省燃料，当发动机冷却液温度较高，车室热负荷较小时，可关闭加热器，利用发动机余热实现车室取暖。

6）采用全自动控制，操作简便。

7）安全性好。为保证使用安全，设有过热保护装置，可防止加热器因过热而损坏。

8）设有工况指示灯和报警指示，供驾驶人随时掌握加热器工作情况。

9）低温性能好。可在 -40℃ 环境条件下正常工作。

10）结构紧凑、体积小、质量小、能耗低、热效率高。

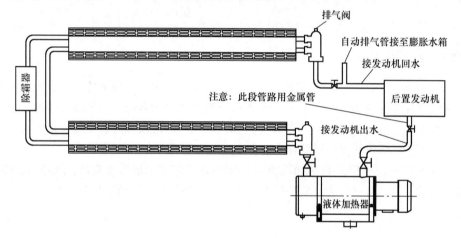

图 30-2　自然散热式暖风系统

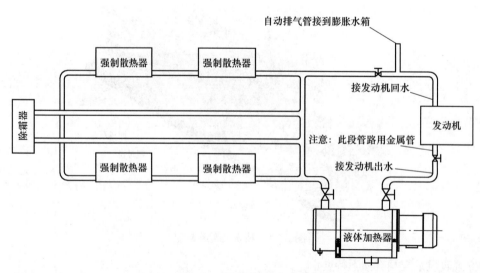

图 30-3　强制散热式暖风系统

加热器由燃烧系统（包括燃烧器，由直流电动机、助燃风扇、雾化装置、油泵等组成；燃烧室由主燃室、续燃室、导流片、点火塞等组成）、热交换器、循环水泵和控制系统四部分组成。油泵在电动机的带动下，吸入的燃油经输油管送到雾化器，在离心力的作用下被飞散雾化后与助燃风扇吸入的空气在燃烧室内混合并形成雾状，被点火塞点燃，在续燃室内充分燃烧后，燃气被热交换器后端的火焰反射板折返180°，流经热交换器内壁的热传导片，通过热传导片把大部分热量传递给热交换器夹层中的水或防冻液。液体在管路中靠循环泵强制循环，由循环泵口进入，经出口进入热交换器的夹层，被加热后由出水口排出，经管道进入车内布置的自然散热片或强制散热器，再与车内空气进行热交换，达到加热取暖的目的。燃烧废气从排气管排出。

某车型液体加热器的电气工作原理如图30-4所示。

将开关K1（绿、水泵开关）打开后，水泵工作，同时开关面板上的电源指示灯亮，这时可利用发动机的余热取暖。

将开关K2（红、加热开关）打开，预热灯点亮（红色），点火塞供电，同时电动机、电磁阀供电，整机供油10s。10s后主机、电磁滤油器和点火塞都供电，点火塞点燃了被雾化的燃油。当燃烧室内温度升高后，热控件的钢管热膨胀使开关KK工作，此时燃烧灯亮，切断点火塞供电，预热指示灯熄灭，这时整机进入加热状态。加热器内循环液体自动恒温在68~81℃，温度达到81℃时会自动停止加热。电磁滤油器停止供电，切断油路。3min左右，燃烧室温度降低，热控件的钢管收缩使KK动作。加热器停止工作，但水泵仍在工作。当加热器温度低于68℃时，控制电路会自动开始加热，温度达到81℃时，会自动停止加热，如此反复执行恒温程序。

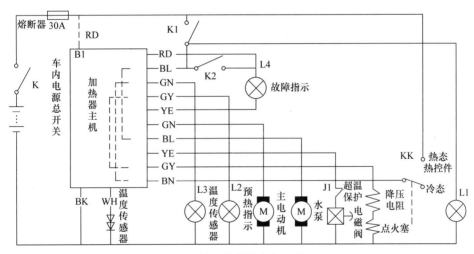

图30-4　液体加热器的电气工作原理图

一、客车暖风系统的使用方法

客车可采用自然散热型或强制散热型的暖风系统。自然散热型暖风系统适宜在南方地区使用，控制开关如图30-5所示；强制散热型暖风系统适合在北方寒冷地区使用。控制开关采用多联开关或数字显示自动恒温控制开关，开关安装在仪表台左上角，如图30-6所示。暖风开关使用方法如下：

1. 自然散热型开关的操作方法

1）将水泵开关（绿色）打开，电源指示灯亮，水泵工作，此时可操作利用发动机的余热进行车室内取暖及司机前挡风玻璃除霜。

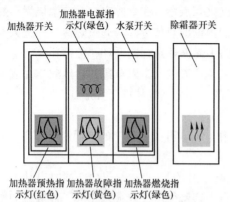

图 30-5 自然散热型暖风控制开关

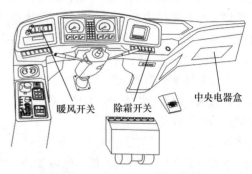

图 30-6 暖风开关的分布位置

2）需要加热时，将加热器开关（红色）打开，预热指示灯亮，供油 4s，预热 60s，60s 后，加热器中的燃料开始燃烧，1min 左右预热指示灯熄灭，燃烧指示灯亮，加热器进入正常工作状态。如果预热燃烧过程中出现故障，则加热器故障指示灯（黄色）亮，表示加热器系统有故障，需要检修。正常工作时，控制电路及加热器水温传感器会将加热器内循环液体温度自动恒定在 68～81℃（即加热器内水温在 68℃时开始加热，达到 81℃时自动停机）。

3）停止加热：将加热器开关（红色）关闭，2～3s 后，燃烧指示灯熄灭。

注　意

关闭加热器时，燃烧指示灯熄灭前，禁止关闭汽车总电源（即严禁利用车辆总电源开关关闭加热器），以防止主机过热损坏。

4）将除霜器开关打开，车内除霜器开始工作。在打开除霜器开关之前，要手动调整仪表板上出风口的出风角度。

5）停止水泵工作：将水泵开关（绿色）关闭，水泵停止工作。

2. 强制散热型开关的操作方法

强制散热型暖风开关如图 30-7 所示，其使用方法如下：

1）将加热器开关（红色）打开，电源指示灯亮，预热指示灯亮，水泵工作，供油 4s，预热 60s。60s 后，加热器中的燃料开始燃烧，1min 左右预热指示灯熄灭，燃烧指示灯亮，加热器进入正常工作状态。如果预热燃烧过程中出现故障，则故障指示灯亮（黄色）。正常工作时，控制电路及加热器水温传感器会将加热器内循环液体温度自动恒定在 68～81℃（即加热器内水温在 68℃时开始工作，达到 85℃时自动停机）。

2）散热器开关（绿色）有两个，分别控制前散热器和后散热器。按下前散热器开关或后散热器开关，车内强制散热器工作。

3）将除霜器开关打开，车内除霜器开始工作。在打开除霜器开关之前，要手动调整仪表板上出风口的出风角度。

4）停止加热：将加热器开关（红色）关闭，2～3s 后，燃烧指示灯熄灭。

5）停止水泵工作：将水泵开关（绿色）关闭，水泵停止工作。

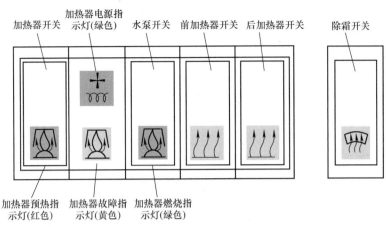

图 30-7 强制散热型暖风控制开关

注意事项:

1)在选用循环加热介质时,建议按照车辆所行驶的最低环境温度选用相应牌号的防冻液,不同型号的防冻液不能混合使用。

2)液体加热系统只能使用柴油作为燃料(或煤油),禁止使用汽油。用户需根据外界环境温度,选用适当牌号的防冻液。

3)暖风系统使用前一定要将管路阀门全部打开,保证循环管路中注满防冻液,否则水泵干磨产生高温,将导致水封部件损坏。

4)加热器助燃主机所在的独立舱体内要保证清洁,周围严禁放置易燃杂物。

5)关闭加热器时,控制开关燃烧指示灯熄灭前禁止关闭汽车总电源(即严禁利用车辆总电源开关关闭加热器),以防止主机内过热损坏。

6)车辆长期不用或封存保管前,要放干燃油管路中的燃油和暖风水管内的防冻液或水。再次起用前要排出暖风管路中的空气。

7)注意车身应密封良好,以提高保温效果。

二、暖风系统的保养和维护

为了延长暖风系统各部件的使用寿命,提高工作效率,在加热器取暖季节过后及下一个取暖季节来临之前,要求必须对加热器等部件进行清理、维护和检修。如果未能按时保养,或未能及时清理加热器周围的污物、杂物,会直接影响到下一个取暖季节加热器的正常使用或造成一定的安全隐患。

1)加热器运转一段时间后(根据使用情况来定),应拧下点火塞清理室内的积炭,如点火塞丝烧断,应拆下更换新的点火塞。

2)如果积炭太多,引起热效率降低时,应清理水套内壁散热片及燃烧室内的积炭。

3)如果发现加热器主机进气管、排气管和滴油管被泥土堵塞时,应及时清理、疏通,保持加热器舱内清洁,周围严禁放置易燃物品。

4)保证油箱、油管及滤油电磁阀清洁,防止污物堵塞油路。

5)加热器循环系统中应使用与外界环境温度相适应的防冻液作为循环加热介质。

6)加热器水泵应根据使用情况定期检查,如发现起密封作用的水封部件漏水,或水泵起动运转困难等故障,应及时检修。

7）加热器主机上的电器控制盒、滤油电磁阀及其他电器元件均应按一般低压电器维护方法进行维护，电器控制盒的各项性能参数在出厂前已经调整好，不要擅自改动。

8）保证热控件工作状态良好，定期检查，如发现微动开关失灵或损坏，及时更换。

9）加热器所使用的主电动机，正常情况下，使用5000h不需要维修，如因使用时间过长或其他原因造成工作不良时，应予以检修，检查电刷磨损或轴承润滑情况，必要时添加指定的润滑脂并更换电刷。

10）在温暖季节不使用加热器期间，应定期打开阀门，起动四五次，每次运行约5min，确保加热器在下次使用时运转正常，然后关闭阀门。

11）在不用暖气除霜和取暖时，必须将该系统的进水阀和回水阀全部关闭，绝不允许只将回水阀关闭（进水阀未关闭），以免压力过大，损坏散热水箱，造成液体渗漏。

12）安装除霜机、强制散热器、自然散热片时，应固定牢固，不得松动。

13）除霜器及散热器进出口处应严防杂物吸入，以免损坏风机。

14）除霜器和散热器的出风阻力应尽量小。

15）除霜喷口为圆形可调式出风口，装在风窗玻璃下方的相应位置，重新安装时应注意除霜口角度，应根据风窗玻璃倾斜角度合理装配。

16）除霜器、自然散热片、强制散热器在安装时应注意各连接接头紧固密封良好，无渗漏，循环系统中无异物，以防堵塞，影响循环的散热效果。

三、暖风系统故障处理

客车暖风系统各种故障的原因及处理方法见表30-1。

表30-1 客车暖风系统故障原因及处理方法

故障	原因	解决方法
液体加热器		
电源指示灯不亮	电源回路不通或熔丝断	检查电源线或更换熔丝
	线路接插件松动或接插件内部氧化接触不良	紧固或更换接插件
	线路接错或地线接触不良	检查线路，排除故障
	控制开关损坏	更换控制开关
开机后预热指示灯不亮，可听到燃烧声，但不进入正常状态，最终故障灯亮，停止工作	热控件失灵	重新调整热控件角度
	蓄电池端电压过低	充电或更换蓄电池
	油路漏气或供油不足	检查原因并排除
	温控电路断路	更换温控器熔丝
	因燃油牌号不对，造成油路内结冰或结蜡	更换相应牌号燃油
加热器点不着火	油路堵塞或主油箱内缺油	疏通油路、油箱加油
	油管接头密封不良，漏气	紧固接头
	滤油电磁阀打不开，不供油	检查故障、排除
	助燃风管堵塞	清除堵塞物
	蓄电池端电压过低	充电或更换蓄电池
	预热塞积炭过多或电热丝断路	清理积炭或更换电热丝
	雾化不好	更换或调整雾化器

（续）

故 障	原 因	解 决 方 法
加热器点火正常，但从排烟管冒黑烟	助燃风量太小	清理助燃风口堵塞物
	第一次使用上油量过大	正常现象，过几分钟燃烧正常后黑烟自行消除
	海拔高，助燃空气中氧气含量低	与厂家联系特殊定货
	加热器主机水套内积炭过多	清理积炭
加热器机体过热	加热器循环管路系统中防冻液过少	增加防冻液容量
	加热器主机内及系统管路存在气阻	将气体由放气阀排出
	加热器循环系统中阀门未打开	将阀门打开
	水泵电动机转速低	检查原因并排除
加热器异常声音	电动机轴承问题	加低温润滑脂或更换
	机械部件发生擦碰	拆机排除
水泵漏水	水封密封部位严重磨损	更换水封部件
	水封内无液体造成干磨，水泵密封橡胶件损坏	更换密封橡胶件
	加热器机体内防冻液不循环，有气阻	放气阀排气后加注防冻液
水温高于81℃时不停机	水温传感器失灵	修复或更换
	电器控制盒故障	更换后可恢复正常
水温低于68℃时，将加热器开关打开，但整机不能正常工作	线路故障或地线接触不良	检查线路，排除故障
	电器控制盒故障	更换后可恢复正常
	水温传感器失灵	检查原因并更换
加热器经常烧熔丝或烧线	油泵蜗轮转动不灵活	检查油泵蜗轮
	主电动机短路	检查原因并更换
	进风管内进入异物，导致风轮卡住	检查原因并更换
	水泵电动机短路	检查原因并更换
	加热器管路不循环，产生气阻，叶轮变形	检查原因并更换
	线束磨损搭铁短路（线束在穿过行李舱隔板时，开孔处漏装橡胶保护圈或线束固定不良造成磨损短路）	检查原因并更换
关闭加热器控制开关，主机马上停止工作	热控件失灵，微动开关没有转换	重新调整热控件角度
	电器控制盒断路	更换后可恢复正常
除霜器和散热器		
开机后除霜器或散热器不出风	线束未接或松动	接好拧紧
	风机机械卡死	拆下修复
	电动机损坏	更换电动机
开机后风量小	正负极接错造成电动机反转	检查接线
	电动机故障	检查和修理电动机
	蓄电池电压低	充电或更换蓄电池
开机后风量时大时小	电动机电刷过度磨损造成接触不良	更换电刷

你学会了吗?

1. 客车暖风系统起什么作用,由哪些部件组成?
2. 独立式暖风系统的特点有哪些?
3. 暖风系统加热器的工作原理是怎样的?
4. 怎样开启和关闭客车空调暖风系统?
5. 怎样保养及维护客车空调暖风系统?
6. 客车空调暖风系统的常见故障有哪些?如何排除?